Carus

DEUTSCHE
BIBEL
GESELLSCHAFT

WORT //
WERK //
WIRKUNG //

//JOHANN SEBASTIAN BACH
WEIHNACHTS-ORATORIUM

Henning Bey
Meinrad Walter

CARUS-VERLAG
DEUTSCHE BIBELGESELLSCHAFT

In dieser Reihe bereits erschienen:

Ludwig van Beethoven
Missa solemnis
Meinrad Walter (Hg.)
Hans-Joachim Hinrichsen
Jakob Johannes Koch
Carus 24.171

ISBN 978-3-89948-402-1
Carus-Verlag

ISBN 978-3-438-04842-4
Deutsche Bibelgesellschaft

Johann Sebastian Bach
Matthäus-Passion
Reiner Marquard
Meinrad Walter
Carus 24.172

ISBN 978-3-89948-403-8
Carus-Verlag

ISBN 978-3-438-04843-1
Deutsche Bibelgesellschaft

Neuausgabe 2023

Einbandgestaltung ENORM, Köln
Coverabbildung Adam Elsheimer, Die Flucht nach Ägypten (Schloss Weißenstein), © Art Collection 4 / Alamy Stock Photo
Innentypografie und Satz Marion Köster, Stuttgart
Druck- und Bindearbeiten Appl, Wemding

Carus 24.175
ISBN 978-3-89948-449-6
Carus-Verlag
www.carus-verlag.com

ISBN 978-3-438-04845-5
Deutsche Bibelgesellschaft
www.die-bibel.de

Printed in Germany

MIX
Papier | Fördert gute Waldnutzung
FSC® C004592

09.2023

INHALT

VORWORT DES HERAUSGEBERS 7
Meinrad Walter

»JAUCHZET, FROHLOCKET, AUF, PREISET DIE TAGE!« 9
Einführung in das Weihnachtsoratorium
Henning Bey

PERSÖNLICHE BEMERKUNGEN EINES DIRIGENTEN 26
Hans-Christoph Rademann

DAS LIBRETTO 31
Luther-Bibel, Choralstrophen, Picanders Dichtung

»VOM EVANGELIUM ZUM ORATORIUM« 49
Biblisch-poetische Erschließung des Librettos
Meinrad Walter

»DAS VERGISST SICH NICHT« 111
Zur Wirkung des Weihnachtsoratoriums
Henning Bey

ANHANG
Literaturhinweise 170
Rechtenachweise 172
Über die Autoren 174

VORWORT DES HERAUSGEBERS

In allen Epochen der Kunst sind viele ihrer Werke nicht denkbar ohne die inspirierende Wirkung, die vom Wort der Bibel ausgeht. Motive der alttestamentlichen Psalmen etwa begegnen uns in Gedichten und Liedern jüdischer wie christlicher Autoren; und die im Neuen Testament erzählten Begegnungen mit Jesus werden immer wieder zum Thema von Bildern und Skulpturen. Hinzu kommen szenische Darstellungen, zum Beispiel in Krippen-, Passions- oder Osterspielen sowie programmatische Instrumentalstücke mit biblischen Überschriften.

Im vielstimmigen »Konzert« der musikalischen Bibelauslegung kommt den abendfüllenden Werken »für Soli, Chor und Orchester« eine besondere Rolle zu. Oratorien wie J. S. Bachs berühmtes Weihnachtsoratorium vergegenwärtigen und deuten biblische Personen, Ereignisse und Themen. Librettisten und Komponisten hauchen dem Wort der Heiligen Schrift Leben ein, ja sie »übersetzen« es in traditionelle und innovative Musik. Von solchen Klängen fühlt sich heute ein weltweites Publikum aus kirchlich wie kulturell beheimateten Hörerinnen und Hörern angesprochen.

Deshalb stehen große Chorwerke im Mittelpunkt der neuen Reihe WORT//WERK//WIRKUNG, die der Carus-Verlag und die Deutsche Bibelgesellschaft gemeinsam herausgeben. Jeder Band beginnt mit einer knapp gehaltenen Einführung mit den wichtigen Informationen zu Komponist und Werk sowie zu zeitgeschichtlichen, biografischen, musikalischen und liturgischen Hintergründen. Ein Hauptkapitel widmet sich der Frage, wie der vertonte Wortlaut solcher Chorwerke die Erinnerung wach hält etwa an den Propheten »Elias« (Mendelssohn) oder an den »Messias« (Händel) mitsamt seiner Geburt im Weihnachtsoratorium und seinem Leiden in den Passionsmusiken (Bach).

»Wort und Werk« ist aber nicht der einzige Dialog, um den es geht. Ein weiterer Aspekt heißt »Werk und Wirkung«. Hier zeigen die Autoren auf, was die oratorischen Werke seit der Uraufführung bei ihren Hörern auslösen: Erinnerungen an herausragende

Konzerterlebnisse werden wach und verbinden sich – gleichsam in vielen »Tonarten« – mit persönlichen, musikalischen und theologischen Reflexionen. Eine besondere Wirkung besteht darin, dass die Bekanntschaft mit dem chorischen Werk zugleich besondere Zugänge zum Wort der Bibel eröffnet, wie es vielleicht nur der Musik gelingt. Zu Wort kommen im Kapitel »Wirkung« Fachleute wie Liebhaber, Interpretinnen und Interpreten aus musikalischen, philosophischen oder literarischen Bereichen. Zeugnisse berühmter Geistesgrößen stehen neben Autorinnen und Autoren, die man kaum erwartet hätte.

Meinrad Walter

»Jauchzet, frohlocket, auf, preiset die Tage!«

EINFÜHRUNG IN DAS WEIHNACHTSORATORIUM

Mit markanten Paukenschlägen überrascht Johann Sebastian Bach als Leipziger Thomaskantor seine Hörerinnen und Hörer am Ersten Weihnachtstag des Jahres 1734. Das berühmte Oratorium aus seiner Feder fasziniert immer noch als affektvoll-barocke Klangrede, tiefgründige musikalische Bibelauslegung und Beitrag zur festlichen Stimmung. Allerdings erklingt Bachs Weihnachtsoratorium heute oft schon in der Adventszeit, sei es in nur einem Konzert oder an zwei aufeinanderfolgenden Konzertabenden. Bachs Aufführungspraxis war jedoch anders! Das Erklingen des sechsteiligen Werkes erstreckt sich über insgesamt 13 Tage, mit dem ersten bis dritten Teil am 25., 26. und 27. Dezember 1734 sowie dem vierten bis sechsten Teil am 1. (Neujahr), 2. und 6. Januar (Epiphanias) 1735. Da die einzelnen Teile liturgisch auf diese Tage abgestimmt sind, bildet ihre Abfolge exakt die kalendarische Konstellation des Jahreswechsels 1734/35 ab. Originalgetreu an den jeweils dafür vorgesehenen Tagen kann das Werk daher nur in den Jahren aufgeführt werden, in denen es einen Sonntag zwischen Neujahr und Epiphanias gibt und keinen Sonntag zwischen Weihnachten und Neujahr.

Die Praxis der Aufführung – damals anders als heute!

ZEITUMSTÄNDE – BACH IN DEN JAHREN NACH 1730

Die 1730er Jahre, in denen dieses einzigartige Werk entsteht, sind ein besonderer Abschnitt in Bachs Biografie, der auch mit Einschnitten verbunden ist. Zu diversen Konflikten innerhalb und außerhalb Leipzigs kommen familiäre Veränderungen; außerdem entwickelt Bach für sich neue künstlerische Perspektiven, die überhaupt erst die notwendigen Voraussetzungen für die Entstehung des Weihnachtsoratoriums bilden.

Am 28. Oktober 1730 schreibt er an seinen Jugendfreund Georg Erdmann, den er seit der Zeit bei seinem älteren Bruder in Ohrdruf (1695–1700) kennt, er »werde genöthiget werden mit des Höchsten Beystand meine *Fortun* anderweitig zu suchen.«[1] Er sei nicht mehr zufrieden mit seiner Position in Leipzig, fühle sich schlecht behandelt von einem launischen Arbeitgeber, für den Musik keine große Rolle spiele. Diese Klage gipfelt in der Bitte an den Freund, der in Danzig als Diplomat in russischen Diensten steht, ihn doch bitte auf freie Stellen aufmerksam zu machen und gegebenenfalls zu empfehlen. Bach möchte also weg aus Leipzig.

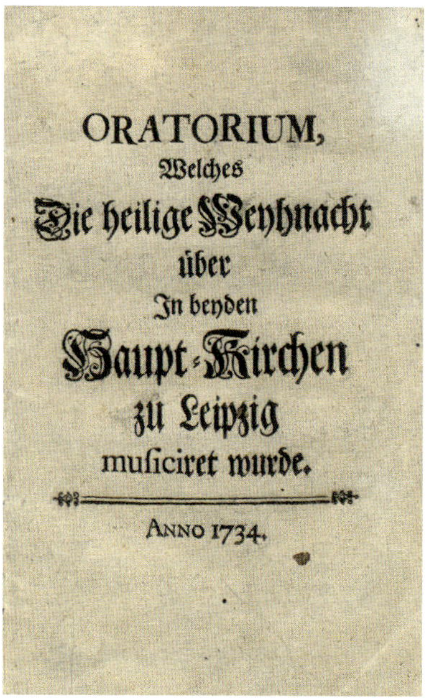
ORATORIUM,
Welches
Die heilige Weyhnacht
über
In beyden
Haupt-Kirchen
zu Leipzig
musiciret wurde.
ANNO 1734.

Titelblatt des originalen Textdrucks zur ersten Aufführung 1734/35

Wie ist es dazu gekommen? Zwei Monate zuvor, Anfang August, hat er seine erste schriftliche Abmahnung vom Rat der Stadt Leipzig erhalten. Darin wirft man ihm vor, seinen Unterrichtspflichten nicht genügend nachgekommen und ohne Urlaub verreist gewesen zu sein. Sollte er sein Verhalten nicht ändern, droht man ihm mit der Beendigung des Arbeitsverhältnisses. Auf diese Abmahnung reagiert Bach mit eigenen Vorwürfen an den Rat, die er drei Wochen später, am 23. August 1730, in einem Memorandum formuliert, das den Titel trägt: »Kurtzer, iedoch höchstnöthiger Entwurff einer wohlbestallten Kirchen Music, nebst einigem unvorgreifflichen Bedencken von dem Verfall derselben«.

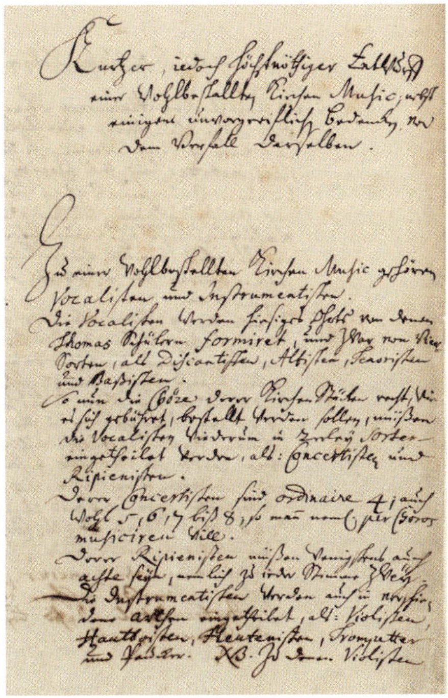

Titelblatt des handschriftlichen »Entwurffs« aus dem Jahr 1730

In diesem Memorandum führt Bach aus, dass ihm für eine qualitativ angemessene Besetzung der Kirchenmusik an den Hauptkirchen St. Nikolai und St. Thomae sowie der Neukirche und der Peterskirche zu wenig brauchbare Sänger und Instrumentalisten zur Verfügung stehen. Für die heutige Musikforschung ist Bachs »Entwurff« eine wichtige Quelle, aus der sich seine Vorstellungen von einer ideal besetzten Kirchenmusik ablesen lassen. Wie es scheint, stehen sich beide Parteien nach diesem Schriftwechsel in einem Patt gegenüber: Die Abmahnung zieht keine weiteren Konsequenzen nach sich, das Memorandum aber auch nicht.

Im Jahr 1736 folgt ein zweijähriger »Präfektenstreit« zwischen Bach und dem Rektor der Thomasschule Johann August Ernesti, in dem es um das Recht geht, Chorpräfekten als Assistenten des Kantors einzusetzen. Und als wäre dies nicht genug, muss sich Johann Sebastian Bach 1737 gegen eine publizistische Attacke des Musikkritikers Johann Adolph Scheibe wehren, der seiner Musik ein »schwülstiges und verworrenes Wesen« attestiert, das »wider die Natur streitet«.[2] Für eine geschliffene Antwort auf diese Vorwürfe rekrutiert Bach den Rhetorik-Dozenten Abraham Birnbaum von der Leipziger Universität. Aus Angriff und Entgegnung entwickelt sich ein Gelehrtenstreit mit weiteren Stellungnahmen, der sich bis ins Jahr 1739 hinzieht …

Ein jahrelanger Federkrieg mit einem Kritiker

Im Hause Bach tut sich auch familiär Einiges in dieser Zeit: Die beiden ältesten Söhne verlassen den gemeinsamen Haushalt. Wilhelm Friedemann Bach wird nach erfolgreichem Probespiel zum

... und familiäre Veränderungen im Hause Bach

1. August 1733 Organist an der Sophienkirche in Dresden. Vorher hatte Vater Bach für ihn die gesamte Bewerbung geschrieben – sogar mit nachgeahmter Unterschrift! Ein Jahr später geht der zweitälteste Sohn Carl Philipp Emanuel nach Frankfurt an der Oder, wo er sich als Student an der juristischen Fakultät der Viadrina einschreibt.

Für sich selbst findet Bach in dieser Zeit ebenfalls neue Wege. 1729 übernimmt er die Leitung des 1702 von Georg Philipp Telemann gegründeten Collegium Musicum. Mit dieser Übernahme eines exzellenten Orchesters aus Studenten eröffnen sich Bach ganz andere musikalische Perspektiven, zumal dieses Ensemble seit 1723 eine regelmäßige Konzertreihe im Zimmermannschen Kaffeehaus veranstaltet. Hierfür komponiert Bach seine Konzerte für drei und vier Cembali sowie die sechs Konzerte für Cembalo und Orchester. Vor allem hat er nun geeignete Musiker zur Aufführung weltlicher Kantaten wie der »Kaffeekantate« (BWV 211) und größer besetzter Huldigungsmusiken für den Dresdner Hof: Am 5. September 1733 führt Bach mit seinem Collegium Musicum die Kantate »Herkules auf dem Scheidewege« (BWV 213) zu Ehren des Kurprinzen Friedrich von Sachsen im Zimmermannschen Kaffeehaus auf; am 8. Dezember 1733 erklingt die Glückwunschkantate »Tönet, ihr Pauken! Erschallet, Trompeten!« (BWV 214) zum Geburtstag der sächsischen Kurfürstin und polnischen Königin Maria Josepha, und im Jahr darauf, am 5. Oktober 1734, huldigt die Kantate »Preise dein Glücke, gesegnetes Sachsen« (BWV 215) keinem Geringerem als August III. und dessen Thronbesteigung als König von Polen. Diese drei Huldigungsmusiken bilden den musikalischen Kern des Weihnachtsoratoriums, das Bach in der Adventszeit 1734 komponiert. Aus ihnen übernimmt er möglichst viele Sätze, versieht sie mit neuem Text und passt sie musikalisch an. Im 18. Jahrhundert nennt man dieses Verfahren »Parodie« (vgl. S. 20 ff.).

In den 1730er Jahren schreibt Bach mehr weltliche Musik, kaum geistliche Originalkompositionen, und führt häufig Werke anderer Komponisten im Gottesdienst auf. Seine geistlichen Werke dieser Zeit entstehen durch Parodie, also durch Übernahme und Umarbeitung bereits existierender Musik. Wichtige Beispiele hierfür sind die verschollene Markus-Passion von 1731, die *Missa* (Kyrie-Gloria-Messe) in h-Moll von 1733, aus der 1749 die h-Moll-Messe BWV 232 wird, das Weihnachtsoratorium (1734), das Himmelfahrtsoratorium (1735) und die Kyrie-Gloria-Messen BWV 233–236 (1738/39). Bach nimmt sich ältere Stücke wieder vor und verwendet sie als Parodievorlagen für neue Kompositionen. Dazu gehört auch die Überarbeitung der Osterkantate »Kommt, fliehet und eilet, ihr flüchtigen Füße« von 1725. Zehn Jahre später wird aus ihr ein von Bach selbst so genanntes »Oster-Oratorium« mit dem Beginn »Kommt, eilet und laufet«. Diese relativ dichte zeitliche Aufeinanderfolge dreier Oratorien zu hohen Festtagen – zu Weihnachten, Ostern und Christi Himmelfahrt – hat in der Bach-Forschung zu der These einer »Oratorien-Trilogie« geführt.[3]

Drei große Oratorien aus Bachs Feder

Es scheint, als wolle Bach in den 1730er Jahren eine Bilanz seines bisherigen Schaffens ziehen und sein Œuvre ordnen. In dieses Bild passt auch die 1736 angefertigte Reinschrift der Matthäus-Passion. Mit der *Missa* und den Huldigungsmusiken bringt er sich überdies mehrfach beim Dresdner Hof in Erinnerung, wo er sich 1733 um einen offiziellen Titel – ein »Praedicat von dero Hof-Capelle« – bewirbt. Drei Jahre später erhält Johann Sebastian Bach dann den Titel »Kurfürstlich-sächsischer und königlich-polnischer Hof-Compositeur«.

DIE ANLAGE DES WEIHNACHTS-ORATORIUMS

Der liturgische Ort der sechs Teile des Weihnachtsoratoriums ist die Hauptmusik im Gottesdienst an genau der Stelle, wo traditionell eine Kirchenkantate platziert wird, nämlich zwischen Evangelienlesung und Glaubenslied. Aus diesem Grund sind die sechs Teile wie sechs Kantaten aufgebaut und orientieren sich in ihrer Länge jeweils an der Länge einer Kantate. Anders als die Kirchenkantaten der regulären Sonntage, die in Leipzig alternierend in St. Nikolai und St. Thomae erklangen, wurde allerdings die Hauptmusik an Festtagen wie Weihnachten in beiden Kirchen aufgeführt: im morgendlichen Hauptgottesdienst (der um 7 Uhr in der Früh begann) und im nachmittäglichen Vespergottesdienst (13.15 Uhr), wie es auf dem Textdruck des Weihnachtsoratoriums vermerkt ist (siehe dazu S. 10). Dabei wechselten sich die beiden Kirchen mit Haupt- und Vespergottesdienst ab, wobei am ersten Feiertag seit alters her morgens in der Nikolaikirche »musiciret wurde«. Da es traditionell am dritten Weihnachtstag und am Neujahrstag keine Kantate im nachmittäglichen Gottesdienst gab, erklangen die Teile III und V nur in der Nikolaikirche.

Die Aufführung der einzelnen Teile des Weihnachtsoratoriums 1734/35

	TEIL I	TEIL II	TEIL III	TEIL IV	TEIL V	TEIL VI
Festtag	1. Weihnachtstag Samstag	2. Weihnachtstag Sonntag	3. Weihnachtstag Montag	Neujahr Samstag	Sonntag nach Neujahr	Epiphanias Donnerstag
Datum	25. 12. 1734	26. 12. 1734	27. 12. 1734	1. 1. 1735	2. 1 1735	6. 1. 1735
morgens	St. Nikolai	St. Thomae	St. Nikolai	St. Thomae	St. Nikolai	St. Thomae
nachmittags	St. Thomae	St. Nikolai	—	St. Nikolai	—	St. Nikolai

Das ganze Weihnachtsoratorium konnte also nur hören, wer in Leipzig 1734 / 35 an jedem der sechs Sonn- und Feiertage zwischen Weihnachten und Epiphanias die Gottesdienste in St. Nikolai besucht hat.

Wie kommt es eigentlich, dass Bach ein Oratorium komponiert, das über mehrere Wochen hinweg aufgeführt werden muss? Ist dies seine eigene Idee gewesen, oder gab es dafür Vorbilder? Wir wissen nicht, ob er den auf mehrere Tage verteilten *Actus musicus auf Weyh-Nachten* von einem seiner Amtsvorgänger, dem Thomaskantor Johann Schelle (1648–1701), gekannt hat. Aber es gibt noch weitere Inspirationsquellen für ein zyklisches Werk aus ge-

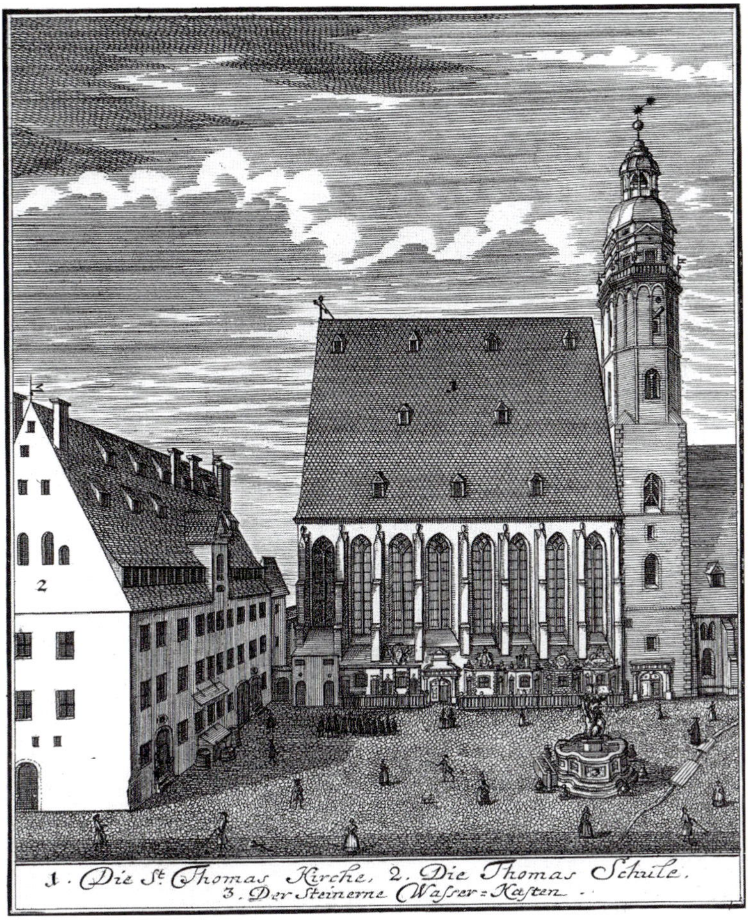

Thomaskirche Leipzig und Schulgebäude. Frontispiz der Thomasschulordnung 1723

trennt aufzuführenden Teilen, die Bach gekannt haben kann. In seiner Heimat Thüringen war es seit dem 17. Jahrhundert üblich, Passionsaufführungen auf mehrere Tage zu verteilen, eine Tradition, die noch bis ins frühe 18. Jahrhundert reicht.

Nachgewiesen sind solche Aufführungen zum Beispiel für Bachs Geburtsstadt Eisenach (1711) oder für Erfurt (1730er Jahre) mit einer mehrteiligen Passion von Reinhard Keiser (1674–1739). Vor diesem Hintergrund ist es sehr wahrscheinlich, dass Bachs Entscheidung

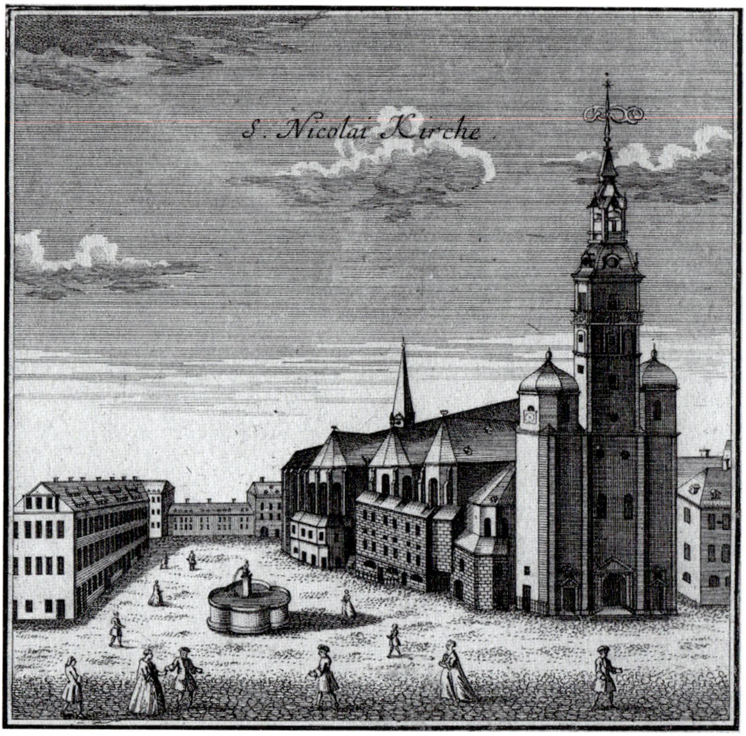

Nikolaikirche Leipzig. Kupferstich

für ein sechsteiliges Weihnachtsoratorium, das an sechs aufeinanderfolgenden Fest- und Sonntagen aufzuführen ist, von dieser Tradition der Passionsaufführung in Mitteldeutschland herrührt.[4] Am Karfreitag 1734, im selben Jahr, in dem das Weihnachtsoratorium entsteht, führt Bach in Leipzig die Passionsmusik *Ein Lämmlein geht und trägt die Schuld* von Gottfried Heinrich Stölzel auf. Wie es scheint, hat er das Werk an einem Tag aufgeführt (von dieser Aufführung hat sich nur das Libretto erhalten), doch existiert Aufführungsmaterial aus Sondershausen und Gotha, auf dessen Partitur eine Aufführung über zwei Tage – Gründonnerstag und Karfreitag – vermerkt ist. Hinzu kommt noch, dass Stölzels Werk keine dramatische, sondern eine betrachtende – nach innen gewendete – Passion ist. Dieser Wesenszug trifft auch auf das Weihnachtsoratorium zu, das sich eindeutig die Stölzel'sche Passion zum Muster nimmt. In Stölzels wie in Bachs Werken gibt es eine funktionale Trennung zwischen biblischer Erzählung (Evangeliumstext) im deklamierenden Rezitativ (secco) sowie freien Meditationen (kommentierenden Neutextierungen) im orchesterbegleiteten Rezitativ (accompagnato), in einer Arie oder einem Choral.

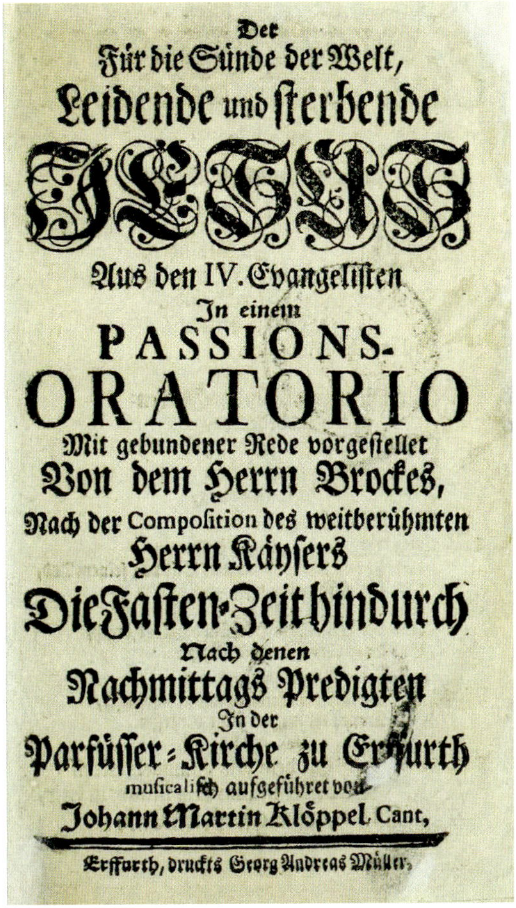
Der
Für die Sünde der Welt,
Leidende und sterbende
JESUS
Aus den IV. Evangelisten
In einem
PASSIONS-
ORATORIO
Mit gebundener Rede vorgestellet
Von dem Herrn Brockes,
Nach der Composition des weitberühmten
Herrn Käysers
Die Fasten-Zeit hindurch
Nach denen
Nachmittags Predigten
In der
Parfüsser-Kirche zu Erfurth
musicalisch aufgeführet von
Johann Martin Klöppel Cant,
Erffurth, druckts Georg Andreas Müller.

Reinhard Keiser: Titelblatt zur Brockes-Passion, aus dem die mehrtägige Aufführung »nach denen Nachmittags-Predigten« hervorgeht.

MUSIKALISCHE PERSPEKTIVEN

Der eigentliche »Erzähler« dieser höchst individuell auf sechs Festtage verteilten Weihnachtsgeschichte ist Bachs Musik. Sie schafft es, in einem Werk ohne dramatische Handlung und verteilte Rollen so etwas wie einen Handlungsablauf herzustellen. Jeder Teil ist wie eine in sich geschlossene Erzählung strukturiert. Den Rahmen bilden stets Eingangschor und Schlusschoral, mit Ausnahme des zweiten Teils, der mit einer Sinfonia beginnt, die im Schlusschoral als Zwischenspiel in den Holzbläsern zitiert wird. Im dritten Teil wird sogar der Eingangschor als Schlusschor wiederholt.

Einheitsstiftende Momente in Bachs Musik verbinden die sechs Teile eng miteinander. Mit einer musikalischen Konkordanz zwischen dem allerersten und dem letzten Choral setzt Bach einen Rahmen, der das gesamte Werk vom ersten bis zum sechsten Teil umspannt. Für »Wie soll ich dich empfangen?« und »Nun seid ihr wohl

Die gleiche Melodie für den ersten und letzten Choral im Gesamtwerk gerochen« verwendet er dieselbe Melodie, die wir überdies aus seiner Matthäus-Passion kennen: »O Haupt voll Blut und Wunden«. Dies schlägt obendrein einen Bogen von der Geburt zur Passion Christi (vgl. »Die Wirkung des Weihnachtsoratoriums«, S. 140 ff.).

In den einzelnen Teilen kreiert Bach musikalische »Konkordanzketten«, die im Zusammenspiel mit dem Text bildhafte Zusammenhänge erzeugen. Das beginnt gleich im ersten Teil mit der Vorstellung der königlichen Instrumente, da ja der König der Welt geboren wird: erst die Pauken, dann – nach jubilierend trillernden Flöten und Oboen – die Trompeten mit prächtigen Fanfaren, zu denen sich Violinen gesellen, die kaskadenartig vom Himmel auf die Erde herabzustürzen scheinen. Ursprünglich lautete der Text für diesen Chor »Tönet, ihr Pauken! Erschallet, Trompeten!« und beschrieb genau die einzelnen Einsätze der Instrumente als Einleitung zur Geburtstagskantate für die sächsische Kurfürstin und polnische Königin Maria Josepha (BWV 214). Im Weihnachtsoratorium bereitet Bach mit diesem Eingangschor die Bühne für alles weitere. Der Schlusschor »Ach mein herzliebes Jesulein« auf die Melodie des Weihnachtsliedes »Vom Himmel hoch, da komm ich her« greift den königlichen Auftritt des Beginns wieder auf, mit Zwischenspielen von Pauken und Trompeten nach jeder Zeile des Chorals.

Von der polnischen Königin zu Jesus, dem »starken König«

Zwischen diesem beziehungsreichen Rahmen verläuft eine Konkordanzkette, die eine innere Handlung in Gang setzt: An das Evangelistenwort »Es begab sich aber zu der Zeit, ...« schließt sich ein Accompagnato-Rezitativ für Alt und zwei Oboen d'amore an, in dem sich freudige Erwartung artikuliert: »Nun wird mein liebster Bräutigam ... einmal geboren werden«. Die vokale Stimme symbolisiert den christlichen Glauben und die sie begleitenden sanften d'amore-Instrumente die Liebe. Die folgende, im Dreiertakt tänzelnde Arie »Bereite dich, Zion« führt die Aussage des Rezitativs weiter, ebenfalls mit der Besetzung Alt und Oboe d'amore (im Unisono mit den ersten Violinen). Textlich gibt es ebenfalls eine Konkordanz zwischen dem »Liebsten« in der Arie und Worten wie »mein liebster Bräutigam« im Rezitativ. Damit wird die freudige Erwartung der Geburt Christi verstärkt und in Richtung einer *Unio mystica* zwischen Gott und Mensch vertieft. Die Frage »Wie soll ich dich empfangen?« des anschließenden Chorals reagiert auf die Verheißungen aus dem Accompagnato und der Arie; zudem stellt sie das Bindeglied zum dialogischen Satz mit Sopran (Choral) und Bass (Rezitativ) dar. Hier zweifelt der Bass, ob das menschliche Leid denn wirklich dem Heiland am Herzen liegen könne, doch der Sopran – begleitet von den »Liebesinstrumenten« Oboe d'amore – singt über diesen Zweifel hinweg Martin Luthers Choralstrophe »Er ist auf Erden kommen arm, dass er unser sich erbarm«. Jesus ist für die ganze Menschheit geboren, so lautet die Botschaft, die Bach musikalisch kongenial aus Zweifel und Zuversicht gebiert. Vor diesem Hintergrund erscheint nun der triumphale Einsatz der Bass-Arie »Großer Herr, o starker König« mit schmetternder Solotrompete zwingend logisch: als Antwort auf den vorherigen Zweifel, den Sopran-Choral der Zuversicht und das abschließende »Kyrie eleis«. Diese Arie formuliert den Kern der Weihnachtsbotschaft, nämlich die Größe des Heilands in seiner verletzlichen Niedrigkeit. Im bereits erwähnten Schlusschor kommen nach Art eines inhaltlichen Fazits all diese Faktoren noch einmal zusammen: das Weihnachtslied, die Botschaft, dass da einer vom Himmel auf die Erde kommt, und die königlichen Instrumente des Anfangs.

Vom Zweifel zur Zuversicht

Im Wechsel zwischen Erzählung und Reflexion, mit symbolträchtigen Einsätzen von Stimmen und Instrumenten (vgl. hierzu »Zur Wirkung des Weihnachtsoratoriums«, S. 151 ff.) setzt sich jeder einzelne Teil aus solchen Konkordanzketten zusammen. Sie erzeugen ein bildhaftes, assoziatives Verständnis im Hörer, der sie als »Szenen« erlebt, die wiederum Bestandteil einer übergeordneten, größeren Geschichte sind.

EIN BLICK IN BACHS WERKSTATT

Der Blick in Bachs Kompositionswerkstatt zeigt uns auch die Überlieferung seines Weihnachtsoratoriums. Neben der Kompositionspartitur in seiner eigenen Handschrift und dem gedruckten

Textheft hat sich das gesamte Aufführungsmaterial erhalten: die handgeschriebenen Stimmen für die Gesangssolisten, die Chorsänger und die Instrumentalisten im Orchester. Sie wurden von einer Handvoll Schreiber – sogenannte Kopisten – angefertigt, bei denen es sich um aktuelle oder ehemalige Thomaner handelte, die Bach als eine Art »Kopistenwerkstatt« nutzen konnte.

Für die Komposition des gesamten Oratoriums, die Herstellung des Aufführungsmaterials und die musikalische Einstudierung hat Bach nur knapp drei Wochen Zeit gehabt. Nach dem Ersten Advent schweigt die Figuralmusik in den Leipziger Kirchen bis zum 1. Weihnachtstag: eine Vorbereitungs- und Bußzeit auf das hohe Fest, die Bach nutzen kann.

Auf dem gedruckten Textheft und in Bachs autographer Partitur findet sich die Bezeichnung »ORATORIUM«, die er selbst für das Werk ausgesucht hatte. Das »Musicalische Lexicon« von Bachs entferntem Vetter Johann Gottfried Walther aus dem Jahr 1732 beschreibt diese Gattung folgendermaßen: »eine geistliche Opera, oder musicalische Vorstellung einer geistlichen Historie in den Capellen oder Cammern großer Herrn, aus Gesprächen, Soli, Duo und Trio, Ritornellen, starken Chören etc. bestehend. Die musicalische Composition muss reich an allem seyn, was nur die Kunst sinnreiches und gesuchtes aufzubringen vermag.«[5] An dieser Beschreibung wird das Zweischneidige von Bachs Aufgabe deutlich: Einerseits handelt es sich um ein geistliches Werk, andererseits ist von einer (weltlichen) »Opera« die Rede. Letztere hatte in Leipzig natürlich nichts in der Kirche zu suchen. Vielleicht liegt in diesem gattungsspezifischen Zusammendenken von geistlich und weltlich der Grund für Bachs Übernahme zahlreicher Sätze aus weltlichen Huldigungsmusiken ins Weihnachtsoratorium. Immerhin sind sie in zeitlicher Nähe zum späteren Oratorium entstanden; ein konzeptionelles Zusammendenken der Musik für zwei unterschiedliche Werksphären (mit verschiedenen Texten) durch Bach und seinen unbekannten Textdichter liegt also durchaus nahe.

In der Partitur und dem Textheft legt Bach großen Wert auf die Überschrift »Oratorium«.

Die Nähe der Weihnachtsmusik zur Oper

Es ist mehrfach erwähnt worden, dass Bachs Oratorium zum größten Teil aus sogenannten »Parodien« besteht. Dieser im

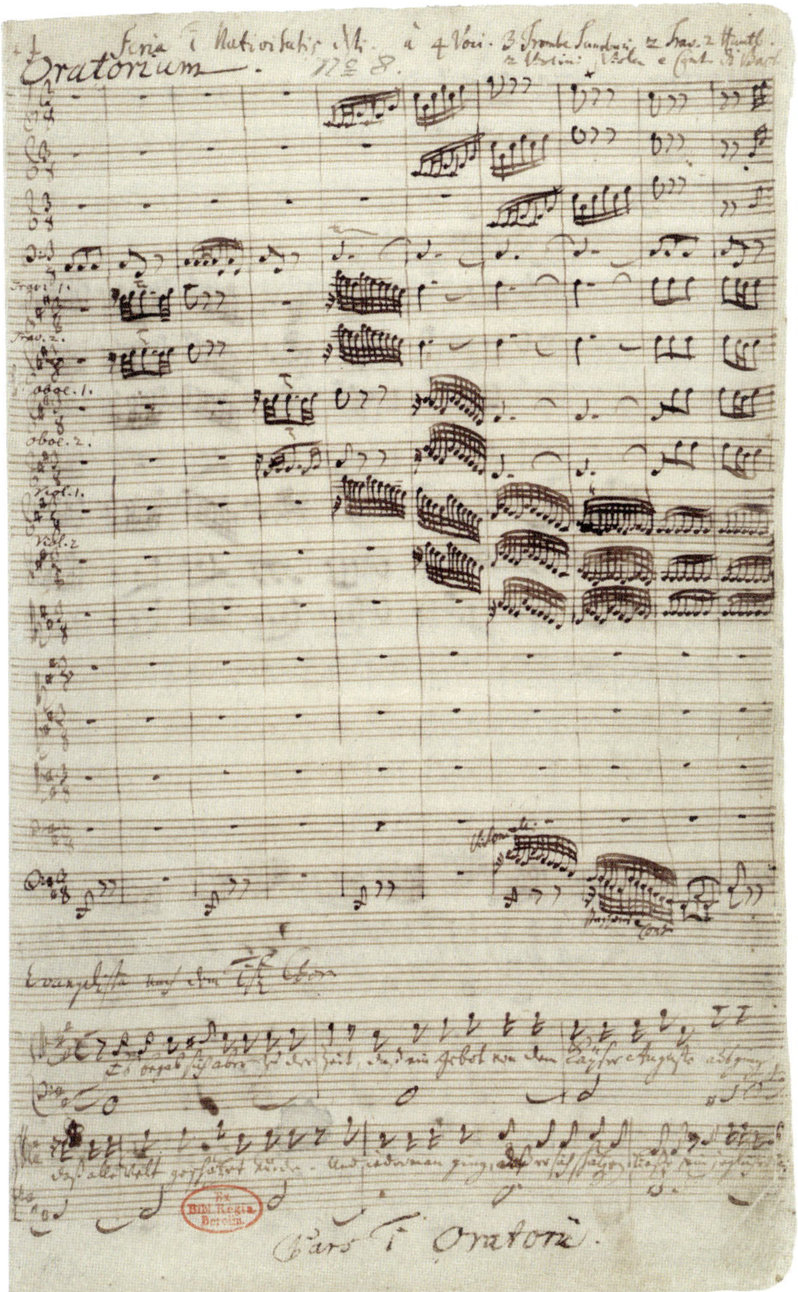

Erste Partiturseite des Weihnachtsoratoriums in J. S. Bachs Handschrift

18. Jahrhundert weit verbreiteten Praxis hat u. a. Heinrich Christoph Kochs »Musikalisches Lexikon« von 1802 einen eigenen Artikel gewidmet: »Parodie. Wenn zu einem schon vorhandenen Singstücke ein anderer Text, es sey nun in eben derselben Sprache, oder in einer andern, verfertigt, und dem Tonstücke untergelegt wird, so nennt man diesen dem Tonstücke aufs neue untergelegten Text eine Parodie.«[6]

Von nachfolgenden Generationen ist diese Kompositionstechnik lange kritisiert, sogar als »unoriginell« bewertet worden (vgl. dazu »Zur Wirkung des Weihnachtsoratoriums«, S. 145 ff.). Inzwischen wird zunehmend eingesehen, welche kreative Leistung hinter diesem Schaffensprozess steht und wie raffiniert Bach zum Teil Sätze mit gänzlich anderen Aussagen seinem Weihnachtsoratorium »einverleibt«. Soweit wir heute wissen, verwendet er im Weihnachtsoratorium Sätze aus folgenden eigenen Kompositionen:

1. Kantate »Lasst uns sorgen, lasst uns wachen« (Herkules auf dem Scheidewege; BWV 213) zum Geburtstag des Kurprinzen Friedrich von Sachsen; 5. September 1733;
2. Kantate »Tönet, ihr Pauken! Erschallet, Trompeten!« (BWV 214) zum Geburtstag der Kurfürstin und Königin Maria Josepha; 8. Dezember 1733;
3. Kantate »Preise dein Glücke, gesegnetes Sachsen« (BWV 215) zum Jahrestag der Königswahl Augusts III.; 5. Oktober 1734;
4. Eine verschollene Kirchenkantate, vermutlich zum Michaelisfest 1734 (BWV 248a);
5. Die verschollene Markus-Passion (BWV 247), aufgeführt am 23. März 1734 (?).

WEIHNACHTSORATORIUM	PARODIEVORLAGE
TEIL I	
1. Jauchzet, frohlocket!	Tönet, ihr Pauken! (BWV 214 / 1)
4. Bereite dich, Zion	Ich will dich nicht hören (BWV 213 / 9)
8. Großer Herr, o starker König	Kron und Preis gekrönter Damen (BWV 214 / 7)

WEIHNACHTSORATORIUM	PARODIEVORLAGE
TEIL II	
15. Frohe Hirten, eilt, ach eilet	Fromme Musen, meine Glieder! (BWV 214/5)
19. Schlafe, mein Liebster, genieße der Ruh	Schlafe, mein Liebster, und pflege der Ruh (BWV 213/3)
TEIL III	
24. Herrscher des Himmels, erhöre das Lallen	Blühet, ihr Linden, in Sachsen wie Zedern (BWV 214/9)
29. Herr, dein Mitleid, dein Erbarmen	Ich bin deine, du bist meine (BWV 213/11)
TEIL IV	
36. Fallt mit Danken, fallt mit Loben	Lasst uns sorgen, lasst uns wachen (BWV 213/1)
39. Flößt mein Heiland, flößt dein Namen	Treues Echo dieser Orten (BWV 213/5)
41. Ich will nur dir zu Ehren leben	Auf meinen Flügeln sollst du schweben (BWV 213/7)
TEIL V	
45. Wo ist der neugeborne König der Jüden	Pfui dich, wie fein zerbrich(e)st du den Tempel (BWV 247, Satz 114)?
47. Erleucht auch meine finstre Sinnen	Durch die von Eifer entflammeten Waffen (BWV 215/7)
TEIL VI	
54. Herr, wenn die stolzen Feinde	Kantate BWV 248a, Satz 1 (Text unbekannt)
56. Du Falscher, suche nur den Herrn	Kantate BWV 248a, Satz 2 (Text unbekannt)
57. Nur ein Wink von seinen Händen	Kantate BWV 248a, Satz 3 (Text unbekannt)
61. So geht! Genug, mein Schatz	Kantate BWV 248a, Satz 4 (Text unbekannt)
62. Nun mögt ihr stolzen Feinde	Kantate BWV 248a, Satz 5 (Text unbekannt)
63. Was will der Höllen Schrecken nun	Kantate BWV 248a, Satz 6 (Text unbekannt)
64. Nun seid ihr wohlgerochen	Kantate BWV 248a, Satz 7 (Text unbekannt)

Die prominenteste Parodie im Weihnachtsoratorium ist sicherlich die Arie »Bereite dich, Zion, mit zärtlichen Trieben / den Schönsten, den Liebsten bald bei dir zu sehn!« aus dem ersten Teil: ein zärtlicher Gesang voll freudiger Erwartung der Geburt des Heilands. Im Original, der Glückwunschkantate BWV 213, ist der Affekt dieser Arie jedoch ein gänzlich anderer: nicht zärtlich, sondern zornig, denn hier wehrt sich Herkules gegen die Verführung der Wollust mit den Worten »Ich will dich nicht hören, ich will dich nicht wissen, verworfene Wollust, ich kenne dich nicht.« Wenn man diesen Kontrast zwischen Vorlage und Parodie kennt, bewundert man noch mehr Bachs kunstvolle Art der Umdeutung seiner eigenen Musik, besonders an der innigen Stelle »den Schönsten«, »den Liebsten« im Weihnachtsoratorium, die bei Herkules trotzig »ich will nicht!«, »ich mag nicht!« heißt.

Ein kurioses Detail zum Schluss: Dass selbst Bach im kreativen Wechsel zwischen Parodie und Parodievorlage durcheinander-

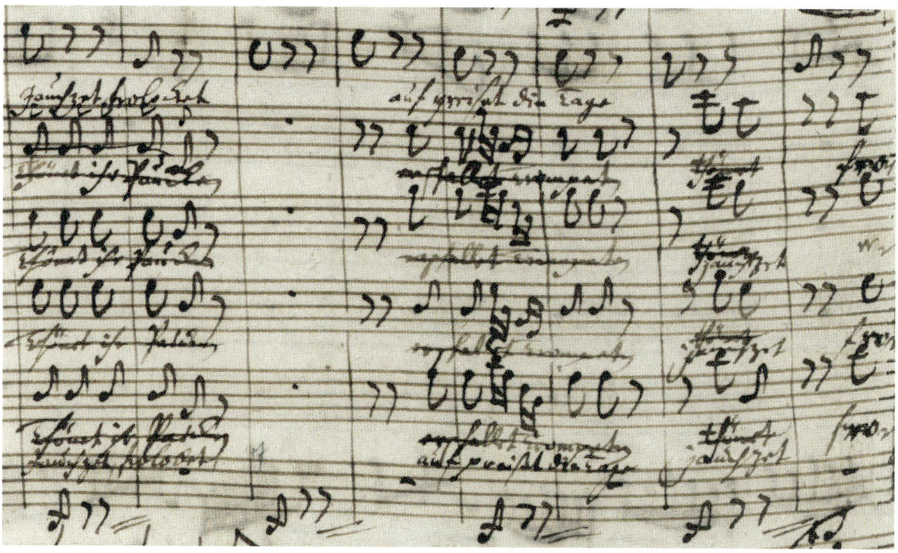

»Tönet, ihr Pauken!« oder »Jauchzet, frohlocket!« – mehrmals übernimmt Bach in seiner handschriftlichen Partitur versehentlich mitsamt den Noten auch den weltlichen Text der Vorlage. Als er den Irrtum bemerkt, streicht er den »alten Text« unter den Noten durch und fügt über den Noten den richtigen Wortlaut ein.

kommen konnte, zeigt gleich der erste Einsatz des Chors in der Eröffnung des Weihnachtsoratoriums. In der autographen Partitur schreibt Bach mehrmals zunächst den Text »Tönet, ihr Pauken« unter die Noten, bemerkt dann seinen Irrtum, streicht ihn durch und setzt ein »Jauchzet, frohlocket« darüber.

ANMERKUNGEN

1 Werner Neumann und Hans-Joachim Schulze (Hrsg.): Schriftstücke von der Hand Johann Sebastian Bachs (Bach-Dokumente I), Kassel u. a. 1963, S. 67.

2 Werner Neumann und Hans-Joachim Schulze (Hrsg.): Fremdschriftliche und gedruckte Dokumente zur Lebensgeschichte Johann Sebastian Bachs (Bach-Dokumente II), Kassel u. a. 1969, S. 286ff.

3 Hierzu Christoph Wolff: Johann Sebastian Bachs Oratorien-Trilogie und die große Kirchenmusik der 1730er Jahre, in: Bach-Jahrbuch 97 (2011), S. 11–25.

4 Vgl. hierzu Irmgard Scheitler: Deutschsprachige Oratorienlibretti, Paderborn 2005, S. 110ff. sowie Markus Rathey: Johann Sebastian Bach's Christmas Oratorio. Music, Theology, Culture, Oxford 2016, S. 102.

5 Johann Gottfried Walther: Musicalisches Lexicon. Faksimile-Nachdruck der Ausgabe 1732, hrsg. von Richard Schaal, Kassel 1953, Spalte 451f.

6 Heinrich Christoph Koch: Artikel »Parodie«, in: Musikalisches Lexikon, Faksimile-Reprint der Ausgabe Frankfurt / Main 1802, hrsg. von Nicole Schwindt, Kassel 2001, Spalte 1136.

PERSÖNLICHE BEMERKUNGEN EINES DIRIGENTEN

Bei der Beschäftigung mit dem Weihnachtsoratorium bewegen mich immer wieder zwei Aspekte. Zum einen: Wie kann ich zum Wesentlichen des Werkes vordringen und das dann für die Hörerinnen und Hörer erfahrbar machen? Zum anderen: Gelingt es, das Werk neu und lebendig zu gestalten, fernab von Routine und vorgefestigten Vorstellungen, die sich aus der langen Rezeptionsgeschichte ergeben?

Jeder der sechs Teile widmet sich einem inhaltlichen Thema, das ich auszuleuchten versuche. Dabei ist es für meine Interpretation von Bedeutung, welche Parodien sich im Weihnachtsoratorium wiederfinden. Dies fällt gleich bei der Vorlage zum Eingangschor aus der »Königin-Kantate« BWV 213 ins Gewicht, weil die Vertonung dem originalen Wortlaut ja gleichsam auf den Leib geschnitten ist: »Tönet, ihr Pauken!« – wir hören zuerst die Pauke mit einem Soloeinsatz; »Erschallet, Trompeten!« – die Trompeten spielen im Kanon Dreiklangsbrechungen nach oben; und beim Text »Klingende Saiten, erfüllet die Luft!« stürzen sich die Streicher in virtuosen Tonketten nach unten. Um auf diesen besonderen Wort-Ton Zusammenhang hinzuweisen, haben wir diesen Chor »Tönet, ihr Pauken!« als Extratrack unserer CD-Einspielung hinzugefügt. Freilich passt die Musik auch hervorragend zur neuen Textvorlage des Weihnachtsoratoriums. Hier wie dort ist sie Auftakt zu einer grandiosen Geburtstagsmusik. Einzig der Einsatz des Chores in tiefer Lage »Jauchzet, frohlocket!« wirkt – die Pauke imitierend – ein wenig unpassend.

In Teil I des Weihnachtsoratoriums herrscht eine freudige Erwartungshaltung vor, die sich besonders in der Arie Nr. 4 »Bereite dich, Zion« den Hörerinnen und Hörern mitteilt. Ihr folgt der Choral mit der Frage »Wie soll ich dich empfangen?« auf der Melodie eines Passionsliedes. Der Choral verallgemeinert die Gefühlswelt der einzelnen Seele im Sinne einer Stimme der Gemeinde. Es war mir wichtig, Arie und Choral als eine Einheit zu gestalten, denn sie beschreiben beide den Advent als erwartungsvolle Fastenzeit. Dann charakterisiert Bach in Rezitativ und Choral Nr. 7 den, auf welchen die Menschen warten. Die zwei Oboen d'amore spielen in der Begleitung zum Choral viele Seufzerbewegungen, die nach oben zeigen. Für mich deutet das auf den Text »Wer will die Liebe recht erhöhn, / die unser Heiland vor [für] uns hegt?« hin, und ich habe mich für ein eher ruhiges Tempo entschieden, um die Zerbrechlichkeit des im Stall auf die Welt gekommenen Heilands verständlich zu machen. So ergibt sich ein Kontrast aus klein und groß zur folgenden Arie »Großer Herr, o starker König«. Das meint: Dieser kleine Säugling in der Krippe ist der König der Welt. Im Schlusschoral fasst Bach dies zusammen, indem ein zarter Choral auf kraftvolle Trompetenfanfaren trifft.

In Teil II stehen die Hirten symbolisch für die Menschen. Bach vertont sehr hintersinnig eine interessante Dramaturgie. Mehrfach werden die Hirten auf Jesu Geburt hingewiesen. In Texten wie »Frohe Hirten, eilt, ach eilet« beispielsweise sind viele motivierende Aufforderungen enthalten, in Bewegung zu kommen. Ich habe versucht, dies über eine intensive Gestaltung des Textes erfahrbar zu machen. In der Mitte dieses Teils entsteht ein »Bild im Bild«: Die Gemeinde ist schon an der Krippe (im Gegensatz zu den Hirten), und dies geschieht im Zentrum der ersten drei Kantaten, dem Choral »Schaut hin, dort liegt im finstern Stall« (Nr. 17). Der wartet mit interessanten Basslinien auf. Zum Text »des Herrschaft gehet überall!« steigt der Bass über eine Oktave auf und fällt zum Text »da Speise vormals sucht ein Rind« wieder eine Oktave ab. In der Schlusskadenz verbirgt sich ein Wiegenrhythmus zum Wort »ruhet itzt«. All diese erhellenden musikalischen Botschaften sind mir enorm wichtig.

Für mich hat der Chor »Ehre sei Gott in der Höhe« (Nr. 21) auch eine etwas furchterregende Facette. Es bedarf einer mächtigen Musik, einem Naturereignis gleich, um die Hirten in Bewegung zu versetzen. Ich habe diesen Chor so dramatisch wie möglich musizieren lassen, um den Hörer zu aktivieren. 1734 dauerte es in Leipzig noch 24 Stunden, ehe die Hirten sagen durften, »Lasset uns nun gehen ...«, denn der dritte Teil wurde erst einen Tag später musiziert! Nun eilen die Hirten in der Nr. 26 plötzlich los, und sogleich ist das Weihnachtsoratorium ganz nah und heutig, steht sinnbildlich für unser Leben. Dieser Teil betrachtet das Herz, es gibt eine textliche Schlüsselstelle im Rezitativ Nr. 30 »Maria aber behielt alle diese Worte und bewegte sie in ihrem Herzen«: Dreimal spielt in diesem Rezitativ der Basso Continuo eine Figur, die an das Herablassen eines Ankers erinnert. Es geht um das Einsenken und Verinnerlichen der Weihnachtsbotschaft. In der folgenden Arie Nr. 31 »Schließe, mein Herze, dies selige Wunder« – eine Originalkomposition und keine Parodie – musizieren manchmal die Singstimme und die Violine unisono. Dies ist der Moment, in dem zum Text »fest in deinem Glauben ein« beide Stimmen zu einer Stimme verschmelzen. Rezitativ und Arie sind mir seit Jahren auch zu Herzensthemen und zentralen Aussagen geworden.

In Teil IV sehe ich als Leitgedanken den Namen Jesu und das Bekenntnis der Kirche zu ihm. Der Tenorsolist, als Leser der biblischen Geschichte und Evangelist, verkörpert auch die Kirche, wenn er singt »Ich will nur dir zu Ehren leben«. Die Bassstimme steht stellvertretend für die Vox Christi und für das Prophetenwort. Die Sopranistin ist eine zumeist betende Seele und tritt in der berühmten Echo-Arie in einen Dialog mit Jesus (Echo). Mir wird hierbei immer klar, wie kommunikativ sich Bach seine Musik vorgestellt haben mag, indem er das am Beispiel der Rede mit dem direkten Gegenüber demonstriert. Auch lohnt es sich einmal aufmerksam nachzulesen, was in dieser Kantate alles zum Namen Jesu gesagt wird: Im Schlusschoral beginnt der Chor bei seinen insgesamt sechs Phrasen jeweils mit dem Wort »Jesus«, und der Text legt ein Bekenntnis zu ihm ab. Ich habe dies mit einer dezenten Betonung dieses Wortes unterstrichen.

Teil V beginnt mit dem Eingangschor »Ehre sei dir, Gott, gesungen«, den Bach mit »Vivace« überschrieben hat. Hier war mir wich-

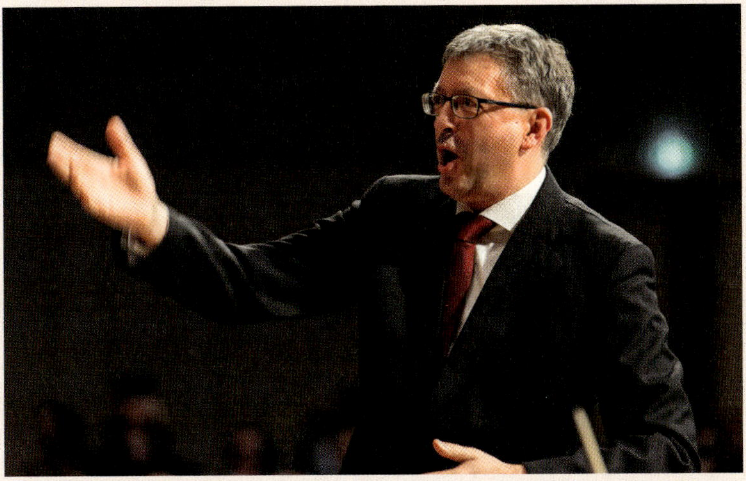

Hans-Christoph Rademann

tig, ein sehr beschwingtes, aber nicht eilendes Tempo zu wählen. Licht und Finsternis sind das Thema. Die Weisen aus dem Morgenlande haben den Stern von Bethlehem gesehen, der für das Licht der Welt – den Heiland – steht. Das sagt ihnen die gläubige Seele in Gestalt der Alt-Solostimme, die hier selbst von Streichern umgeben ist, wie von einem Heiligenschein. Mich fasziniert dieser »musikalische Heiligenschein«, denn er beleuchtet den Inhalt des Textes durch musikalische Bewegung und Harmonisierung. Das Unsagbare erklärt die Musik. Herodes steht für die Finsternis und ist besorgt über die Geburt des neugeborenen Königs der Juden. Von Herodes ausgehend, thematisiert die Bassarie Nr. 47 das »finstre Herz«, in das motivisch der Lichtstrahl einfällt. Dies geschieht in mehreren fallenden Dreiklangsbrechungen, die bei der Oboe auf eine Tonrepetition treffen, welche wohl einen Herzschlag symbolisiert. So soll tonmalerisch das pochende Menschenherz erleuchtet werden.

In Teil VI werden die Feinde Jesu – »Tod, Teufel, Sünd und Hölle« – benannt und im Schlusschoral endgültig überwunden. Ebenso steht die Anbetung der Heiligen Drei Könige im Mittelpunkt. Herodes wird nun direkt vom Sopran (betende Seele) zurückgewiesen, und dies geschieht in einem grandiosen Werkpaar, dem Accompagnato-Rezitativ Nr. 56, das eher dramatisch gehalten ist, und der Arie Nr. 57 »Nur ein Wink von seinen Händen«, welche in vielen Ausgaben »Largo e staccato« überschrieben ist. Für mich ist diese Arie das interpretatorisch herausforderndste Stück im ganzen Weihnachtsoratorium. Während bei vielen Arien der Affekt eindeutig zu bestimmen ist, pendeln meine Gedanken bei dieser Arie zwischen gravitätischer Gelassenheit und Dramatik. Beides scheint vorhanden, die Gewichtung erweist sich aber als schwierig. Der Choral »Ich steh an deiner Krippen hier« (Nr. 59) schlägt inhaltlich die Brücke zur Strophe »Schaut hin, dort liegt im finstern Stall« (Nr. 17) aus Teil II und berührt mich persönlich sehr. Der selbstbewusste Mensch verschenkt sich an Gott. »Nimm hin, es ist mein Geist und Sinn, / Herz, Seel und Mut, nimm alles hin«. Für mich ist der Choral eine »Fermate«, dies soll auch das gewählte ruhige Tempo zeigen. Im Schlusschoral Nr. 64 eröffnet die erste Trompete kraftvoll den Orchestersatz und fällt dann in der Dreiklangsbrechung eine Oktave nach unten. Dort reagieren die Orchesterbässe mit einer sich windenden virtuosen Figur. Darin sehe ich eine Reaktion des höllischen Drachens auf den Impuls aus der Höhe. Das habe ich jeweils an dieser Stelle dramatisch hervorgehoben, um das Ringen der Kräfte darzustellen. Wir stoßen hier auf die Choralmelodie von Nr. 5 (Passionslied), und damit entsteht auch hier wieder ein innerer Bezug zum Beginn des Weihnachtsoratoriums und überdies eine Perspektive auf das gesamte Kirchenjahr.

Hans-Christoph Rademann hat das Weihnachtsoratorium 2016 mit der Gaechinger Cantorey aufgenommen.

Solisten: Anna Lucia Richter und Regula Mühlemann, Soprano, Wiebke Lehmkuhl, Alto, Sebastian Kohlhepp, Tenore und Michael Nagy, Basso.

Die Aufnahme ist als CD im Label des Carus-Verlags erschienen (Carus 83.312) und auch auf allen gängigen Streaming-Plattformen abrufbar.

DAS LIBRETTO

Am 1. Heil. Weyhnachts-Feyertage.

ERSTER TEIL

1 CHOR

Jauchzet, frohlocket! auf, preiset die Tage,
Rühmet, was heute der Höchste getan!
Lasset das Zagen, verbannet die Klage,
Stimmet voll Jauchzen und Fröhlichkeit an!
Dienet dem Höchsten mit herrlichen Chören,
Lasst uns den Namen des Herrschers verehren!

2 EVANGELIST (TENOR)

Es begab sich aber zu der Zeit, dass ein Gebot von dem Kaiser Augusto ausging, dass alle Welt geschätzet würde. Und jedermann ging, dass er sich schätzen ließe, ein jeglicher in seine Stadt. Da machte sich auch auf Joseph aus Galiläa, aus der Stadt Nazareth, in das jüdische Land zur Stadt David, die da heißet Bethlehem; darum, dass er von dem Hause und Geschlechte David war, auf dass er sich schätzen ließe mit Maria, seinem vertrauten Weibe, die war schwanger. Und als sie daselbst waren, kam die Zeit, dass sie gebären sollte.

3 REZITATIV (ALT)

Nun wird mein liebster Bräutigam,
Nun wird der Held aus Davids Stamm
Zum Trost, zum Heil der Erden

Einmal geboren werden.
Nun wird der Stern aus Jakob scheinen,
Sein Strahl bricht schon hervor.
Auf, Zion, und verlasse nun das Weinen,
Dein Wohl steigt hoch empor!

4 ARIE (ALT)

Bereite dich, Zion, mit zärtlichen Trieben,
Den Schönsten, den Liebsten bald bei dir zu sehn!
Deine Wangen
Müssen heut viel schöner prangen,
Eile, den Bräutigam sehnlichst zu lieben!

5 CHORAL

Wie soll ich dich empfangen
Und wie begegn' ich dir?
O aller Welt Verlangen,
O meiner Seelen Zier!
O Jesu, Jesu, setze
Mir selbst die Fackel bei,
Damit, was dich ergötze,
Mir kund und wissend sei!

6 EVANGELIST (TENOR)

Und sie gebar ihren ersten Sohn und wickelte ihn in Windeln und legte ihn in eine Krippen, denn sie hatten sonst keinen Raum in der Herberge.

7 CHORAL (SOPRAN) MIT REZITATIV (BASS)

Er ist auf Erden kommen arm,
Wer will die Liebe recht erhöhn,
Die unser Heiland vor uns hegt?
Dass er unser sich erbarm,
Ja, wer vermag es einzusehen,
Wie ihn der Menschen Leid bewegt?

Und in dem Himmel mache reich,
Des Höchsten Sohn kömmt in die Welt,
Weil ihm ihr Heil so wohl gefällt,
Und seinen lieben Engeln gleich.
So will er selbst als Mensch geboren werden.
Kyrieleis!

8 ARIE (BASS)

Großer Herr, o starker König,
Liebster Heiland, o wie wenig
Achtest du der Erden Pracht!
Der die ganze Welt erhält,
Ihre Pracht und Zier erschaffen,
Muss in harten Krippen schlafen.

9 CHORAL

Ach mein herzliebes Jesulein,
Mach dir ein rein sanft Bettelein,
Zu ruhn in meines Herzens Schrein,
Dass ich nimmer vergesse dein!

Am 2. Heil. Weyhnachts-Feyertage.

ZWEITER TEIL

10 SINFONIA

11 EVANGELIST (TENOR)

Und es waren Hirten in derselben Gegend auf dem Felde bei den Hürden, die hüteten des Nachts ihre Herde. Und siehe, des Herren Engel trat zu ihnen, und die Klarheit des Herren leuchtet um sie, und sie furchten sich sehr.

12 CHORAL

Brich an, o schönes Morgenlicht,
Und lass den Himmel tagen!
Du Hirtenvolk, erschrecke nicht,
Weil dir die Engel sagen,
Dass dieses schwache Knäbelein
Soll unser Trost und Freude sein,
Dazu den Satan zwingen
Und letztlich Frieden bringen!

13 EVANGELIST (TENOR) UND ENGEL (SOPRAN)

Und der Engel sprach zu ihnen: Fürchtet euch nicht, siehe, ich verkündige euch große Freude, die allem Volke widerfahren wird. Denn euch ist heute der Heiland geboren, welcher ist Christus, der Herr, in der Stadt David.

14 REZITATIV (BASS)

Was Gott dem Abraham verheißen,
Das lässt er nun dem Hirtenchor erfüllt erweisen.
Ein Hirt hat alles das zuvor

Von Gott erfahren müssen.
Und nun muss auch ein Hirt die Tat,
Was er damals versprochen hat,
Zuerst erfüllet wissen.

15 ARIE (TENOR)

Frohe Hirten, eilt, ach eilet,
Eh ihr euch zu lang verweilet,
Eilt, das holde Kind zu sehn!
Geht, die Freude heißt zu schön,
Sucht die Anmut zu gewinnen,
Geht und labet Herz und Sinnen!

16 EVANGELIST (TENOR)

Und das habt zum Zeichen: Ihr werdet finden das Kind in Windeln gewickelt und in einer Krippe liegen.

17 CHORAL

Schaut hin, dort liegt im finstern Stall,
Des Herrschaft gehet überall.
Da Speise vormals sucht ein Rind,
Da ruhet itzt der Jungfraun Kind.

18 REZITATIV (BASS)

So geht denn hin, ihr Hirten, geht,
Dass ihr das Wunder seht;
Und findet ihr des Höchsten Sohn
In einer harten Krippe liegen,
So singet ihm bei seiner Wiegen
Aus einem süßen Ton
Und mit gesamtem Chor
Dies Lied zur Ruhe vor!

19 ARIE (ALT)

Schlafe, mein Liebster, genieße der Ruh,
Wache nach diesem vor aller Gedeihen!
Labe die Brust,
Empfinde die Lust,
Wo wir unser Herz erfreuen!

20 EVANGELIST (TENOR)

Und alsobald war da bei dem Engel die Menge der himmlischen Heerscharen, die lobten Gott und sprachen:

21 CHOR

Ehre sei Gott in der Höhe und Friede auf Erden
und den Menschen ein Wohlgefallen.

22 REZITATIV (BASS)

So recht, ihr Engel, jauchzt und singet,
Dass es uns heut so schön gelinget!
Auf denn! wir stimmen mit euch ein,
Uns kann es so wie euch erfreun.

23 CHORAL

Wir singen dir in deinem Heer
Aus aller Kraft Lob, Preis und Ehr,
Dass du, o lang gewünschter Gast,
Dich nunmehr eingestellet hast.

Am 3. Heil. Weyhnachts-Feyertage.

DRITTER TEIL

24 **CHOR**

Herrscher des Himmels, erhöre das Lallen,
Lass dir die matten Gesänge gefallen,
Wenn dich dein Zion mit Psalmen erhöht!
Höre der Herzen frohlockendes Preisen,
Wenn wir dir itzo die Ehrfurcht erweisen,
Weil unsre Wohlfahrt befestiget steht!

25 **EVANGELIST (TENOR)**

Und da die Engel von ihnen gen Himmel fuhren, sprachen die Hirten untereinander:

26 **CHOR**

Lasset uns nun gehen gen Bethlehem und die Geschichte sehen, die da geschehen ist, die uns der Herr kundgetan hat.

27 **REZITATIV (BASS)**

Er hat sein Volk getröst',
Er hat sein Israel erlöst,
Die Hülf aus Zion hergesendet
Und unser Leid geendet.
Seht, Hirten, dies hat er getan;
Geht, dieses trefft ihr an!

28 CHORAL

Dies hat er alles uns getan,
Sein groß Lieb zu zeigen an;
Des freu sich alle Christenheit
Und dank ihm des in Ewigkeit.
Kyrieleis!

29 DUETT (SOPRAN UND BASS)

Herr, dein Mitleid, dein Erbarmen
Tröstet uns und macht uns frei.
Deine holde Gunst und Liebe,
Deine wundersamen Triebe
Machen deine Vatertreu
Wieder neu.

30 EVANGELIST (TENOR)

Und sie kamen eilend und funden beide, Mariam und Joseph, dazu das Kind in der Krippe liegen. Da sie es aber gesehen hatten, breiteten sie das Wort aus, welches zu ihnen von diesem Kind gesaget war. Und alle, für die es kam, wunderten sich der Rede, die ihnen die Hirten gesaget hatten. Maria aber behielt alle diese Worte und bewegte sie in ihrem Herzen.

31 ARIE (ALT)

Schließe, mein Herze, dies selige Wunder
Fest in deinem Glauben ein!
Lasse dies Wunder, die göttlichen Werke,
Immer zur Stärke
Deines schwachen Glaubens sein!

32 REZITATIV (ALT)

Ja, ja, mein Herz soll es bewahren,
Was es an dieser holden Zeit
Zu seiner Seligkeit
Für sicheren Beweis erfahren.

33 CHORAL

Ich will dich mit Fleiß bewahren,
Ich will dir
Leben hier,
Dir will ich abfahren.
Mit dir will ich endlich schweben
Voller Freud,
Ohne Zeit
Dort im andern Leben.

34 EVANGELIST (TENOR)

Und die Hirten kehrten wieder um, preiseten und lobten Gott um alles, das sie gesehen und gehöret hatten, wie denn zu ihnen gesaget war.

35 CHORAL

Seid froh dieweil,
Dass euer Heil
Ist hie ein Gott und auch ein Mensch geboren,
Der, welcher ist
Der Herr und Christ
In Davids Stadt, von vielen auserkoren.

24 CHOR (WIEDERHOLUNG DES EINGANGSCHORES)

Herrscher des Himmels, erhöre das Lallen,
Lass dir die matten Gesänge gefallen,
Wenn dich dein Zion mit Psalmen erhöht!
Höre der Herzen frohlockendes Preisen,
Wenn wir dir itzo die Ehrfurcht erweisen,
Weil unsre Wohlfahrt befestiget steht!

Aufs Fest der Beschneidung Christi.

VIERTER TEIL

36 **CHOR**

Fallt mit Danken, fallt mit Loben
Vor des Höchsten Gnadenthron!
Gottes Sohn
Will der Erden
Heiland und Erlöser werden,
Gottes Sohn
Dämpft der Feinde Wut und Toben.

37 **EVANGELIST (TENOR)**

Und da acht Tage um waren, dass das Kind beschnitten würde, da ward sein Name genennet Jesus, welcher genennet war von dem Engel, ehe denn er im Mutterleibe empfangen ward.

38 **REZITATIV (BASS) MIT CHORAL (SOPRAN)**

Immanuel, o süßes Wort!
Mein Jesus heißt mein Hort,
Mein Jesus heißt mein Leben.
Mein Jesus hat sich mir ergeben,
Mein Jesus soll mir immerfort
Vor meinen Augen schweben.
Mein Jesus heißet meine Lust,
Mein Jesus labet Herz und Brust.
    Jesu, du mein liebstes Leben,
Komm! Ich will dich mit Lust umfassen,
    Meiner Seelen Bräutigam,
Mein Herze soll dich nimmer lassen,
    Der du dich vor mich gegeben

Ach! So nimm mich zu dir.
    An des bittern Kreuzes Stamm!
Auch in dem Sterben sollst du mir
Das Allerliebste sein;
In Not, Gefahr und Ungemach
Seh ich dir sehnlichst nach.
Was jagte mir zuletzt der Tod für Grauen ein?
Mein Jesus! Wenn ich sterbe,
So weiß ich, dass ich nicht verderbe.
Dein Name steht in mir geschrieben,
Der hat des Todes Furcht vertrieben.

39 ARIE (SOPRAN MIT ECHO)

Flößt, mein Heiland, flößt dein Namen
Auch den allerkleinsten Samen
Jenes strengen Schreckens ein?
Nein, du sagst ja selber nein. *Nein!*
Sollt ich nun das Sterben scheuen?
Nein, dein süßes Wort ist da!
Oder sollt ich mich erfreuen?
Ja, du Heiland sprichst selbst ja. *Ja!*

40 REZITATIV (BASS) MIT CHORAL (SOPRAN)

Wohlan, dein Name soll allein
In meinem Herzen sein!
    Jesu, meine Freud und Wonne,
    Meine Hoffnung, Schatz und Teil,
So will ich dich entzücket nennen,
Wenn Brust und Herz zu dir vor Liebe brennen.
    Mein Erlösung, Schmuck und Heil,
    Hirt und König, Licht und Sonne,
Doch, Liebster, sage mir:
Wie rühm ich dich, wie dank ich dir?
Ach! wie soll ich würdiglich,
Mein Herr Jesu, preisen dich?

41 ARIE (TENOR)

Ich will nur dir zu Ehren leben,
Mein Heiland, gib mir Kraft und Mut,
Dass es mein Herz recht eifrig tut!
Stärke mich,
Deine Gnade würdiglich
Und mit Danken zu erheben!

42 CHORAL

Jesus richte mein Beginnen,
Jesus bleibe stets bei mir,
Jesus zäume mir die Sinnen,
Jesus sei nur mein Begier,
Jesus sei mir in Gedanken,
Jesu, lasse mich nicht wanken!

Am Sonntage nach dem Neuen Jahr.

FÜNFTER TEIL

43 CHOR

Ehre sei dir, Gott, gesungen,
Dir sei Lob und Dank bereit'.
Dich erhebet alle Welt,
Weil dir unser Wohl gefällt,
Weil anheut
Unser aller Wunsch gelungen,
Weil uns dein Segen so herrlich erfreut.

44 EVANGELIST (TENOR)

Da Jesus geboren war zu Bethlehem im jüdischen Lande zur Zeit des Königes Herodis, siehe, da kamen die Weisen vom Morgenlande gen Jerusalem und sprachen:

45 CHOR MIT REZITATIV (ALT)

Wo ist der neugeborne König der Jüden?
    Sucht ihn in meiner Brust,
    Hier wohnt er, mir und ihm zur Lust!
Wir haben seinen Stern gesehen im Morgenlande und sind kommen, ihn anzubeten.
    Wohl euch, die ihr dies Licht gesehen,
    Es ist zu eurem Heil geschehen!
    Mein Heiland, du, du bist das Licht,
    Das auch den Heiden scheinen sollen,
    Und sie, sie kennen dich noch nicht,
    Als sie dich schon verehren wollen.
    Wie hell, wie klar muss nicht dein Schein,
    Geliebter Jesu, sein!

46 CHORAL

Dein Glanz all Finsternis verzehrt,
Die trübe Nacht in Licht verkehrt.
Leit uns auf deinen Wegen,
Dass dein Gesicht
Und herrlichs Licht
Wir ewig schauen mögen!

47 ARIE (BASS)

Erleucht auch meine finstre Sinnen,
Erleuchte mein Herze
Durch der Strahlen klaren Schein!
Dein Wort soll mir die hellste Kerze
In allen meinen Werken sein;
Dies lässet die Seele nichts Böses beginnen.

48 **EVANGELIST (TENOR)**

Da das der König Herodes hörte, erschrak er und mit ihm das ganze Jerusalem.

49 **REZITATIV (ALT)**

Warum wollt ihr erschrecken?
Kann meines Jesu Gegenwart
Euch solche Furcht erwecken?
O! solltet ihr euch nicht
Vielmehr darüber freuen,
Weil er dadurch verspricht,
Der Menschen Wohlfahrt zu verneuen.

50 **EVANGELIST (TENOR)**

Und ließ versammlen alle Hohepriester und Schriftgelehrten unter dem Volk und erforschete von ihnen, wo Christus sollte geboren werden. Und sie sagten ihm: Zu Bethlehem im jüdischen Lande; denn also stehet geschrieben durch den Propheten: Und du Bethlehem im jüdischen Lande bist mitnichten die kleinest unter den Fürsten Juda; denn aus dir soll mir kommen der Herzog, der über mein Volk Israel ein Herr sei.

51 **TERZETT (SOPRAN, ALT, TENOR)**

Ach, wenn wird die Zeit erscheinen?
Ach, wenn kömmt der Trost der Seinen?
Schweigt, er ist schon würklich hier!
Jesu, ach, so komm zu mir!

52 **REZITATIV (ALT)**

Mein Liebster herrschet schon.
Ein Herz, das seine Herrschaft liebet
Und sich ihm ganz zu eigen gibet,
Ist meines Jesu Thron.

53 **CHORAL**

Zwar ist solche Herzensstube
Wohl kein schöner Fürstensaal,
Sondern eine finstre Grube;
Doch, sobald dein Gnadenstrahl
In denselben nur wird blinken,
Wird es voller Sonnen dünken.

Am Feste der Offenbarung Christi.

SECHSTER TEIL

54 **CHOR**

Herr, wenn die stolzen Feinde schnauben,
So gib, dass wir im festen Glauben
Nach deiner Macht und Hülfe sehn.
Wir wollen dir allein vertrauen,
So können wir den scharfen Klauen
Des Feindes unversehrt entgehn.

55 **EVANGELIST (TENOR) UND HERODES (BASS)**

Da berief Herodes die Weisen heimlich und erlernet mit Fleiß von ihnen, wenn der Stern erschienen wäre. Und weiset sie gen Bethlehem und sprach: Ziehet hin und forschet fleißig nach dem Kindlein, und wenn ihr's findet, sagt mir's wieder, dass ich auch komme und es anbete.

56 REZITATIV (SOPRAN)

Du Falscher, suche nur den Herrn zu fällen,
Nimm alle falsche List,
Dem Heiland nachzustellen;
Der, dessen Kraft kein Mensch ermisst,
Bleibt doch in sichrer Hand.
Dein Herz, dein falsches Herz ist schon,
Nebst aller seiner List, des Höchsten Sohn,
Den du zu stürzen suchst, sehr wohl bekannt.

57 ARIE (SOPRAN)

Nur ein Wink von seinen Händen
Stürzt ohnmächtger Menschen Macht.
Hier wird alle Kraft verlacht!
Spricht der Höchste nur ein Wort,
Seiner Feinde Stolz zu enden,
O, so müssen sich sofort
Sterblicher Gedanken wenden.

58 EVANGELIST (TENOR)

Als sie nun den König gehöret hatten, zogen sie hin. Und siehe, der Stern, den sie im Morgenlande gesehen hatten, ging für ihnen hin, bis dass er kam, und stund oben über, da das Kindlein war. Da sie den Stern sahen, wurden sie hoch erfreuet und gingen in das Haus und funden das Kindlein mit Maria, seiner Mutter, und fielen nieder und beteten es an und täten ihre Schätze auf und schenkten ihm Gold, Weihrauch und Myrrhen.

59 CHORAL

Ich steh an deiner Krippen hier,
O Jesulein, mein Leben;
Ich komme, bring und schenke dir,
Was du mir hast gegeben.
Nimm hin! es ist mein Geist und Sinn,
Herz, Seel und Mut, nimm alles hin,
Und lass dirs wohl gefallen!

60 EVANGELIST (TENOR)

Und Gott befahl ihnen im Traum, dass sie sich nicht sollten wieder zu Herodes lenken, und zogen durch einen andern Weg wieder in ihr Land.

61 REZITATIV (TENOR)

So geht! Genug, mein Schatz geht nicht von hier,
Er bleibet da bei mir,
Ich will ihn auch nicht von mir lassen.
Sein Arm wird mich aus Lieb
Mit sanftmutsvollem Trieb
Und größter Zärtlichkeit umfassen;
Er soll mein Bräutigam verbleiben,
Ich will ihm Brust und Herz verschreiben.
Ich weiß gewiss, er liebet mich,
Mein Herz liebt ihn auch inniglich
Und wird ihn ewig ehren.
Was könnte mich nun für ein Feind
Bei solchem Glück versehren!
Du, Jesu, bist und bleibst mein Freund;
Und werd ich ängstlich zu dir flehn:
Herr, hilf!, so lass mich Hülfe sehn!

62 ARIE (TENOR)

Nun mögt ihr stolzen Feinde schrecken;
Was könnt ihr mir für Furcht erwecken?
Mein Schatz, mein Hort ist hier bei mir!
Ihr mögt euch noch so grimmig stellen,
Droht nur, mich ganz und gar zu fällen,
Doch seht! mein Heiland wohnet hier.

63 REZITATIV (QUARTETT)

Was will der Höllen Schrecken nun,
Was will uns Welt und Sünde tun,
Da wir in Jesu Händen ruhn?

64 CHORAL

Nun seid ihr wohl gerochen
An eurer Feinde Schar,
Denn Christus hat zerbrochen,
Was euch zuwider war.
Tod, Teufel, Sünd und Hölle
Sind ganz und gar geschwächt;
Bei Gott hat seine Stelle
Das menschliche Geschlecht.

Die Nummerierung folgt dem Bach-Werke-Verzeichnis (BWV).

»Vom Evangelium zum Oratorium«

BIBLISCH-POETISCHE ERSCHLIESSUNG DES LIBRETTOS

Der Schriftsteller Martin Walser (geb. 1927) nennt das *Weihnachtsevangelium* »die schönste, beste Geschichte, die je von Menschen ersonnen und formuliert wurde«. Er rühmt den »Mut zur Verkündigung« der Friedensbotschaft, der die biblischen Evangelien von Grimms Märchen unterscheidet. Und er ergänzt: »Dann gibt es noch das Weihnachtsoratorium von Bach und die Krippengemälde von Caravaggio (...). Ich sage: Es ist unsere höchste Fähigkeit, etwas schön zu finden.«[1]

Zur Barockzeit hätte man wohl ähnlich argumentiert und gesagt, dass Kunstwerke »schön« sind, weil sie bei ihren Hörerinnen und Hörern auf *dreifache Weise* wirken: Sie erfreuen, bewegen und belehren. Für Bachs geistliche Vokalwerke gilt das ganz besonders. Ja, bis heute singen, spielen und hören zahllose Menschen weltweit Jahr für Jahr das abendfüllende Oratorium auf »die heilige Weyhnacht« von Picander und Bach, um so erfreut, bewegt und auch ein wenig über Weihnachten belehrt zu werden.

Das Oratorium will erfreuen, bewegen und belehren.

Aber gilt das wirklich für die Klänge *und* die Worte? Vielen Bach-Hörern ist zunächst die Musik besonders wichtig. Die bislang ein-

Sind die barocken Texte noch zeitgemäß?

zige empirische Studie über heutige Hörerlebnisse mit diesem Werk stellt fest, dass »die Texte (…) von wenigen als nicht mehr zeitgemäß empfunden«[2] werden. Wenn nur wenige an den Worten Anstoß nehmen, heißt das vermutlich, dass die meisten das Werk als *Einheit von Text und Musik* wahrnehmen. Es ist auch durchaus möglich, gewisse textlich-theologische Details sozusagen zu »überhören«. Wir fragen bei der biblisch-poetischen Erschließung des Librettos nun: Auf welchen Wegen des Verstehens kommen wir den weihnachtlichen Bibelversen und Choralstrophen sowie Picanders lyrischer Barockdichtung näher?

Bereits die Textgestalt des Weihnachtsoratoriums ist – ganz im Sinne Martin Walsers – ein Kunstwerk, dessen Schönheit sich mit dem Anspruch auf Wahrheit verbindet. Daran beteiligt war nicht nur, wie etwa bei den meisten Romanen oder Sinfonien, ein einziger Autor, sondern vielmehr ein ganzes *»Ensemble« von Verfassern,* Martin Luther sogar in der Doppelrolle als Bibelübersetzer und Choraldichter. Wenn wir die Dichter weiterer Liedstrophen – darunter Paul Gerhardt, Johann Franck und Johann Rist – einmal beiseite lassen, sind es immerhin noch eine Handvoll Autoren, denen wir uns nun genauer zuwenden, weil sie – unwissentlich oder wissentlich – am Wortlaut des Bach'schen Weihnachtsoratoriums mitgewirkt haben.

DIE AUTOREN UND IHR BEITRAG ZUM LIBRETTO

Welche »Theo-Poeten« – dieses Wort meint Schriftsteller, die poetisch von Gott reden und so »den Himmel zum Sprechen bringen«[3] – bilden das Ensemble der Verfasser dieses Oratoriums? Zuerst sind die *Evangelisten Lukas und Matthäus* zu nennen. Bibelverse aus ihren vermutlich in den Jahren 80 bis 90 n. Chr. entstandenen Evangelien bilden sozusagen das »textliche Rückgrat« des Weihnachtsoratoriums. Alle weiteren Autoren beziehen sich beständig auf diese biblische Botschaft. Insgesamt gilt deshalb auch beim Weihnachtsoratorium der schöne Satz eines unbekannten Autors, der um die Mitte des 19. Jahrhunderts schreibt: »Ohne Bibel würde es keinen Bach gegeben haben.«[4]

Zweitens hat der *Reformator Martin Luther* gleich mehrfach am Text des Weihnachtsoratoriums mitgewirkt. Seine sprachkräftige,

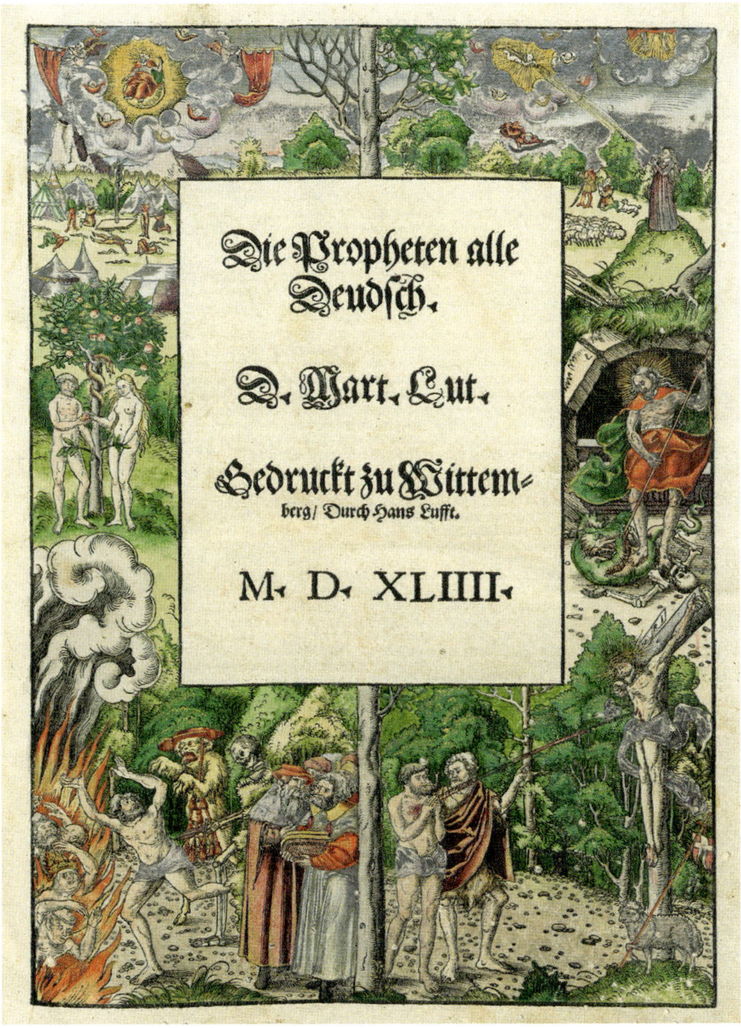

Aus dem Bestand der Thomaskirche Leipzig: Koloriertes Blatt zur Lutherbibel, Wittenberg 1545

überaus bildhafte und in gewisser Weise bereits »musikalische« Bibelübersetzung (1522/1545), die in Johann Sebastian Bachs Bibliothek[5] ebenso wie andere Werke Luthers mehrfach vorhanden war, »durchstimmt« nicht nur die gesamte Lebens- und Glaubenswelt des damaligen Protestantismus. Sie prägt auch das Bach'sche Weihnachtsoratorium. Luthers Theologie der Menschwerdung Gottes ist zudem in allen *Choralstrophen* präsent, nicht nur in jenen, die aus Liedern von ihm selbst – wie »Gelobet seist du, Jesu Christ« (1524) oder »Vom Himmel hoch, da komm ich her« (1535) – stammen. Ein für das Libretto des Weihnachtsoratoriums überaus wichtiger Impuls begegnet uns zudem in *Predigten* Luthers. Wenn wir zwei Halbsätze aus verschiedenen Predigten miteinander verbinden, was uns Luther gewiss erlaubt, dann heißt sein Grundsatz: »Dich und dich allein geht's an«, »dass dies Kind Herr und Heiland ist.«[6]

ÜBERSICHT ÜBER DIE CHORALSTROPHEN[7]

Nr. (NBA)	Teil WO	Choralstrophe (= Strophe Nr.) aus dem Lied Dichter und Jahr	Melodie Verfasser und Jahr
5	I	**Wie soll ich dich empfangen?** (1) Wie soll ich dich empfangen? Paul Gerhardt 1653	Herzlich tut mich verlangen Hans Leo Haßler 1601
7	I	**Er ist auf Erden kommen arm** (6) Gelobet seist du, Jesu Christ Martin Luther 1524	Eigene Melodie (um 1460) Wittenberg 1524
9	I	**Ach mein herzliebes Jesulein** (13) Vom Himmel hoch, da komm ich her Martin Luther 1535	Vom Himmel hoch, da komm ich her Martin Luther 1539
12	II	**Brich an, o schönes Morgenlicht** (9) Ermuntre dich, mein schwacher Geist Johann Rist 1641	Eigene Melodie von Johann Schop 1641
17	II	**Schaut hin, dort liegt im finstern Stall** (8) Schaut, schaut, was ist für Wunder dar Paul Gerhardt 1667	Vom Himmel hoch, da komm ich her Martin Luther 1539

23	II	**Wir singen dir in deinem Heer** (2) Wir singen dir, Immanuel Paul Gerhardt 1653	Vom Himmel hoch, da komm ich her Martin Luther 1539
28	III	**Dies hat er alles uns getan** (7) Gelobet seist du, Jesu Christ Martin Luther 1524	Eigene Melodie (um 1460) Wittenberg 1524
33	III	**Ich will dich mit Fleiß bewahren** (15) Fröhlich soll mein Herze springen Paul Gerhardt 1653	eigene Melodie nach Johann Georg Ebeling 1666
35	III	**Seid froh dieweil** (4) Lasst Furcht und Pein Christoph Runge 1653	Wir Christenleut Dresden 1593
38	IV	**Jesu, du mein liebstes Leben** (1) aus: Jesu, du mein liebstes Leben Johann Rist 1642 (Strophe 1, Zeile 1–4)	vermutlich von J. S. Bach
40	IV	**Jesu, meine Freud und Wonne** = Fortsetzung der Liedstrophe Nr. 38 (Strophe 1, Zeile 5–10)	vermutlich von J. S. Bach
42	IV	**Jesus richte mein Beginnen** (15) Hilf, Herr Jesu, lass gelingen Johann Rist 1642	vermutlich von J. S. Bach
46	V	**Dein Glanz all Finsternis verzehrt** (5) Nun, liebe Seel, nun ist es Zeit Georg Weißel 1642	In dich hab ich gehoffet, Herr Leipzig 1573
53	V	**Zwar ist solche Herzensstube** (9) Ihr Gestirn, ihr hohlen Lüfte Johann Franck 1655	Gott des Himmels und der Erden nach Heinrich Albert 1642
59	VI	**Ich steh an deiner Krippen hier** (1) Ich steh an deiner Krippen hier Paul Gerhardt 1653	Nun freut euch, lieben Christen gmein Wittenberg 1529
64	VI	**Nun seid ihr wohl gerochen** (4) Ihr Christen auserkoren Georg Werner 1642	Herzlich tut mich verlangen Hans Leo Haßler 1601

Auf die christologische Spannung zwischen ärmlichem Krippenkind und »Heiland aller Welt« werden wir bei Teil I (vgl. S. 79 ff.) noch näher eingehen. Hier ist zunächst eine andere Polarität wichtig, die Luther immer wieder klar zur Geltung bringt: Was damals zu Bethlehem geschehen ist, soll nicht nur als *vergangenes Faktum* berichtet werden; vielmehr ist das predigthafte Ziel jeder Verkündigung die *persönliche Aneignung* als Antwort auf die Frage, was es mich (Accompagnati und Arien) und uns (Choralstrophen) denn hier und heute »angeht«.

Weder die Evangelisten Lukas und Matthäus noch der Reformator Martin Luther konnten freilich wissen, dass ihre »theo-poetischen« Bibelverse oder Liedstrophen einmal in Bachs Weihnachtsoratorium erklingen werden! Der einzige Autor, der das wusste und der mit Bachs kompositorischen Plänen so gut vertraut gewesen sein muss, dass wir beim Weihnachtsoratorium insgesamt von einem poetisch-musikalischen »Teamwork« sprechen können, ist Bachs etwas jüngerer Zeitgenosse *Christian Friedrich Henrici* (1700–1764), der wegen seiner durchaus frivolen Hochzeitsgedichte in Leipzig nicht bei allen beliebt war.[8]

Picander als »Redakteur« und lyrischer Hauptautor des Librettos

»ORATORIUM, / Welches / Die heilige Weyhnacht / über / In beyden / Haupt=Kirchen / zu Leipzig / musiciret wurde« (siehe Abb. S. 10), so lautet der Titel des 24 Seiten umfassenden Textheftes zu Bachs ersten Aufführungen, von dessen Druckauflage 1734 sich ein einziges Exemplar erhalten hat. Obwohl dieses *»Programmheft«* für die Gottesdienstbesucher, wie damals üblich, keinen Textautor namentlich nennt, dürfen wir als Verfasser Henrici vermuten, der seine literarischen Werke unter dem Künstlernamen Picander publiziert hat. Worin bestand näherhin seine Aufgabe? Dass er Bibelverse aus dem Lukas- und dem Matthäusevangelium sowie mehr als ein Dutzend Choralstrophen aus der Feder von insgesamt sieben Liederdichtern auswählt und entsprechend »einrichtet«, lässt sich zunächst als eine Art redaktionelle Tätigkeit verstehen. Vor allem aber verfasst Picander zudem als »lyrischer Hauptautor« des Librettos die poetischen Texte der großen Chöre sowie der Arien und Accompagnati. Dabei greift er mittels des in der Einleitung beschriebenen *Parodieverfahrens* (vgl. S. 20 ff.) fast ausnahmslos auf bereits vorhandene Vorlagen zurück und nimmt überdies Rücksicht auf die biblisch-gottesdienstlichen Lesungen an den sechs weihnachtlichen Fest- und Sonntagen.

Aber haben wir jetzt bei der Aufzählung der Autoren des Librettos nicht eine Person fast vergessen? Auch *Johann Sebastian Bach* könnte bereits bei der Erstellung der textlichen Vorlage dieses Werkes bisweilen mit im Spiel gewesen sein. Manches deutet recht klar darauf hin, dass er nicht nur Picanders biblisch-poetische Inspirationen in Musik »übersetzt«, sondern bisweilen auch in die textliche Gestalt des Werkes mehr oder weniger direkt eingegriffen hat. Diese poetische Mitwirkung des Komponisten könnte im Übrigen sogar den merkwürdigen Sachverhalt erklären, dass Picander das Libretto zum Weihnachtsoratorium nicht in seine gedruckten Werke aufgenommen hat.

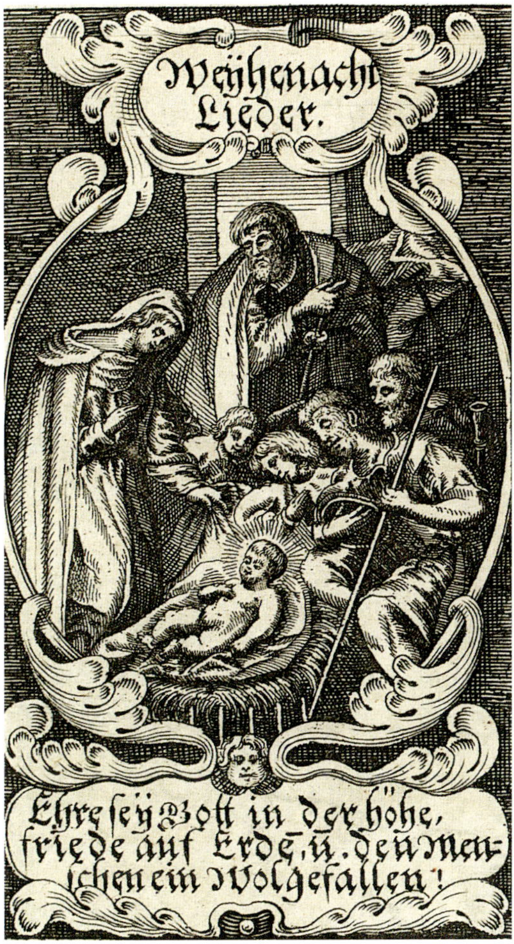

Stich zur Eröffnung der Rubrik »Weihnachtslieder« im Eisenacher Gesangbuch (1673), mit dem J. S. Bach von Kindheit an vertraut war.

Vor allem die *Auswahl der Choräle* ist kaum ohne Bachs planerische Mitwirkung denkbar. Schließlich muss jede dieser Liedstrophen in den tonartlichen Plan des Werkes passen, für den ja der Komponist verantwortlich ist. Dies betrifft vor allem die Schlusschoräle der Teile I, II und VI. Die jeweils hier geglückte und gewiss von Anfang an kompositorisch beabsichtigte *tonartliche Rahmung* – Eingangssatz und Schlusschoral stehen in derselben

Tonart – kann kein Zufall sein. Sie war allein deshalb möglich, weil bei der Liedauswahl darauf Rücksicht genommen wurde, dass der Schlusschoral nicht nur textlich-theologisch gut passt, sondern dass seine Melodie auch in der Haupttonart des jeweiligen Oratorienteils gesungen werden kann.

Vermutlich dürfen wir also bei der Erstellung des Librettos von einem *poetisch-musikalischen Teamwork* zwischen Picander und Bach ausgehen, zu dem sich leider keine Dokumente erhalten haben, weil die Kommunikation dieses »Autoren-Duos« wohl überwiegend mündlich vonstatten ging. Dass der Hauptteil der poetischen Arbeit von Picander geleistet wurde, steht außer Frage. Dass Bach sich jedoch gelegentlich auch schon beim Libretto »eingemischt« hat, scheint wahrscheinlicher als das Gegenteil.

JESU GEBURT IN DEN EVANGELIEN NACH LUKAS UND MATTHÄUS

Wer das Libretto des Werkes genauer in den Blick nehmen will, kann sich an den bereits genannten *textlichen Schichten* orientieren: Evangelium, Choralstrophen, Picanders Dichtung. Dass diese historisch so weit auseinanderliegenden »poetischen Zutaten« im Oratorium zu einer solch überzeugenden Einheit finden, ist keineswegs selbstverständlich. Auch die heutige Faszination, die vom Werk auf ein überaus vielschichtiges Publikum ausgeht, mag überraschen. Trennen uns doch etwa 2000 Jahre von den neutestamentlichen Evangelien, fast 500 Jahre von Luthers Bibelübersetzung und seinen Choralstrophen sowie bald 300 Jahre von Picander und Bach. Grund genug also für ein paar historische Überlegungen, die diese Texte mitsamt ihrem Stellenwert in Bachs Oratorium näher beleuchten wollen.

Die ältesten Schriften des Neuen Testaments kennen noch keine Weihnachtsgeschichte.

Zunächst nehmen wir die *Bibel* zur Hand, genauer das Neue Testament. In den ältesten, um das Jahr 50 n. Chr. verfassten schriftlichen Zeugnissen über Jesus, der Christus genannt wird, spielt seine Geburt noch keine explizite Rolle. Der Apostel Paulus etwa hält

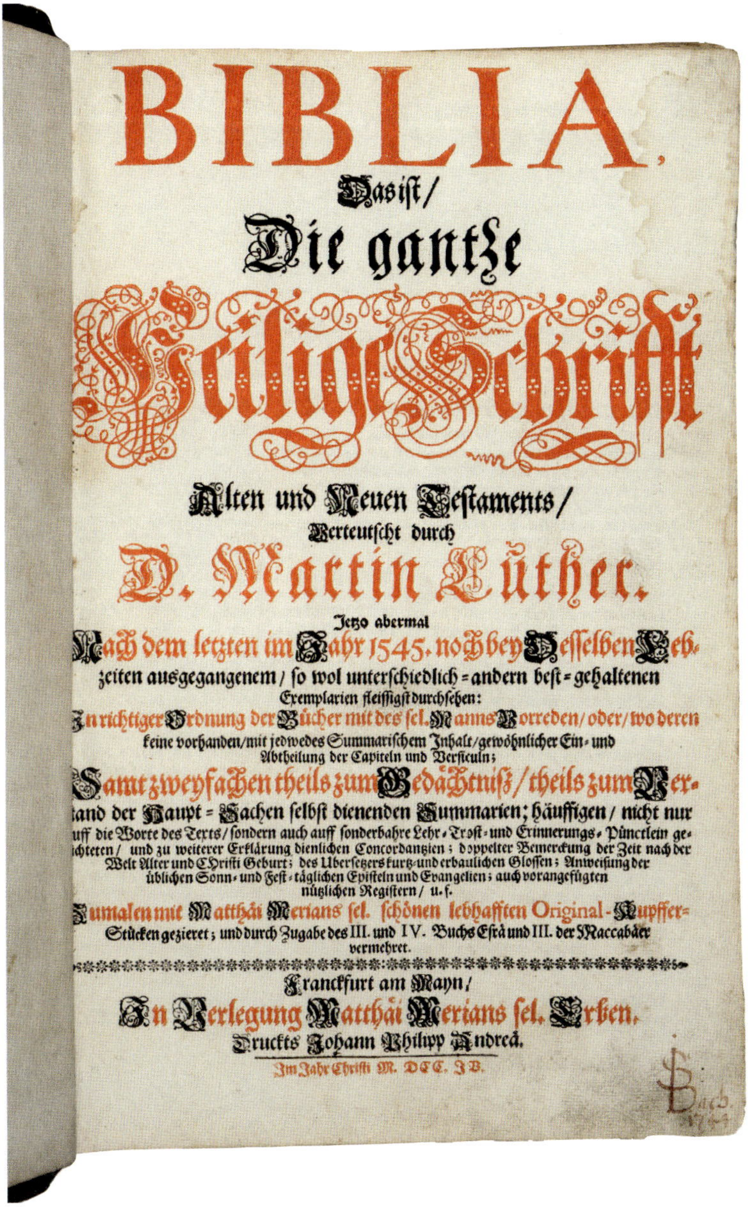
BIBLIA,
Das ist/
Die gantze
Heilige Schrifft
Alten und Neuen Testaments/
Verteutscht durch
D. Martin Luther.
Jetzo abermal
Nach dem letzten im Jahr 1545. noch bey Desselben Leb-
zeiten ausgegangenem/ so wol unterschiedlich-andern best-gehaltenen
Exemplarien fleissigst durchsehen:
In richtiger Ordnung der Bücher mit des sel. Manns Vorreden/ oder/ wo deren
keine vorhanden/ mit jedwedes Summarischem Inhalt/ gewöhnlicher Ein- und
Abtheilung der Capiteln und Versiculn;
Samt zweyfachen theils zum Gedächtniß/ theils zum Ver-
stand der Haupt-Sachen selbst dienenden Summarien; häuffigen/ nicht nur
auff die Worte des Texts/ sondern auch auff sonderbahre Lehr- Trost- und Erinnerungs- Püncklein ge-
richteten/ und zu weiterer Erklärung dienlichen Concordantzien; doppelter Bemerckung der Zeit nach der
Welt Alter und Christi Geburt; des Ubersetzers kurtz- und erbaulichen Glossen; Anweisung der
üblichen Sonn- und Fest-täglichen Episteln und Evangelien; auch vorangefügten
nützlichen Registern/ u. s.
Zumalen mit Matthäi Merians sel. schönen lebhafften Original-Kupffer-
Stücken gezieret; und durch Zugabe des III. und IV. Buchs Esrä und III. der Maccabäer
vermehret.
Franckfurt am Mayn/
In Verlegung Matthäi Merians sel. Erben.
Druckts Johann Philipp Andreä.
Im Jahr Christi M. DCC. IV.

Merian-Bibel aus Bachs Besitz mit dem eigenhändig eingetagenen Monogramm »JSBach 1744« rechts unten

im Brief an die Galater nur fest, dass der Sohn Gottes »von einer Frau« (Gal 4,4) geboren wurde. Auch im sehr wahrscheinlich ältesten Evangelium nach Markus, verfasst etwa um das Jahr 70, ist

Jesu Geburt mitsamt seiner Kindheit noch kein Thema, wohingegen die Passionsgeschichte breiten Raum einnimmt.

Erst die in den achtziger Jahren des ersten Jahrhunderts verfassten Evangelien nach Lukas und Matthäus erzählen die uns bis heute vertrauten Ereignisse der Geburt Jesu in Bethlehem zur Zeit des Herodes. Dabei setzen diese beiden biblischen Autoren durchaus *unterschiedliche Akzente*, die sich in Bachs Weihnachtsoratorium gleichsam spiegeln. Während Lukas die Geburt des Gottessohnes mit eindringlichen Farben – denken wir nur an die spektakuläre Engelsverkündigung an die Hirten – geradezu bildhaft erzählt, setzt Matthäus die Geburt eher voraus, um sich stärker den Ereignissen zu widmen, die darauf folgen: der Huldigung des neugeborenen Messias durch die Weisen aus dem Osten sowie der Bedrohung und Rettung des Kindes mit den einzelnen »Szenen« der Flucht nach Ägypten, des Kindermordes von Bethlehem und der Rückkehr der heiligen Familie nach Nazareth.

In der christlich-kulturellen Wirkungsgeschichte dominiert seit dem Mitteltalter das *Lukasevangelium*. Die ersten beiden Kapitel dieses Buches geben sozusagen den adventlich-weihnachtlichen »Ton« in Liturgie, Kunst und Frömmigkeit an. Wenn die Worte »Es begab sich aber zu der Zeit …« gesprochen oder gesungen werden, sei es in Gottesdiensten, in Konzerten oder zu Hause, dann ist Weihnachten! Genau das zeigt sich in Bachs Weihnachtsoratorium, dessen Teile I bis IV sich auf das zweite Kapitel des Lukasevangeliums beziehen.

Das Lukasevangelium prägt Liturgie, Bildkunst und Musik.

Nur am Rande sei noch erwähnt, dass das um 100 n. Chr. verfasste vierte Evangelium nach *Johannes* – ebenso wie das schon genannte älteste nach *Markus* – keine anschauliche weihnachtliche Erzählung enthält und wohl deshalb keine direkte Berücksichtigung in Bachs Oratorium finden konnte. Ähnliches gilt erst recht für die im zweiten nachchristlichen Jahrhundert entstandenen *»Kindheitsevangelien Jesu«*, die ihr Thema reich und fantasievoll ausschmücken, jedoch keinen Eingang in das Neue Testament mehr finden. Da solche Schriften weder für Luthers Theologie noch für die protestantische Liturgie relevant waren, spielen sie auch im Weihnachtsoratorium keine Rolle.

Die biblisch-weihnachtlichen Verse von Lukas und Matthäus sind somit die beiden wichtigsten Inspirationsquellen für Bachs Oratorium. Ihr Thema ist die »ganze Person« Jesu Christi. Weil seine *Auferstehung* gleichsam der biblisch-theologische »Cantus firmus« der gesamten frohen Botschaft ist, sind auch die weihnachtlichen Erzählungen letztlich »österliche Bekenntnistexte«.[9] Wie ist das zu verstehen? Es geht im gesamten Neuen Testament um die Person des Auferstandenen, von dem möglichst viel zur Sprache kommen soll, bald auch seine Geburt und Kindheit. Keineswegs vergessen dürfen wir hierbei, dass *Kindheitsgeschichten* nicht nur im Judentum und Christentum, sondern in vielen Kulturen und deren mythologischen Erzählungen große Faszination ausüben: Bereits in seiner Kindheit zeigt sich, wie faszinierend die Person etwa eines Retters oder Helden ist.

Ostern als »Cantus firmus« der neutestamentlichen Botschaft

Was hören wir nun im Weihnachtsoratorium aus dem Lukas- und dem Matthäusevangelium? Die Teile I bis IV folgen, wie bereits erwähnt, der weihnachtlichen »Kernerzählung«, die bei *Lukas* im zweiten Kapitel (Lk 2,1–21) steht. Sie handelt von der Geburt Jesu in einem Stall (Teil I), von der Engelsbotschaft an die Hirten (Teil II) mitsamt deren Weg zur Krippe (Teil III) sowie von Jesu Beschneidung und Namensgebung am achten Tag nach der Geburt (Teil IV).

Inhaltliche Schwerpunkte bei Lukas …

Im Evangelium nach *Matthäus* reicht das weihnachtliche Geschehen von der Geburt Jesu (Weihnachten) bis zur Anbetung der Weisen (Fest der Erscheinung des Herrn); im originalen Textheft zum Weihnachtsoratorium heißt dieses Fest am 6. Januar »Fest der Offenbarung Christi«, weil Jesus nun der ganzen Welt offenbar wird, die ihn in Gestalt der drei Weisen aus dem Orient anbetet. Die bei Matthäus den weihnachtlichen Ereignissen vorausgehenden »Szenen« mit Jesu Stammbaum und Josefs Traum finden im Oratorium ebenso wenig Berücksichtigung wie die vor Jesu Geburt spielenden Ereignisse bei Lukas, Kapitel 1.

Picander und Bach disponieren ihr Oratorium so, dass sie nach dem vierten Teil, der Jesu Namensgebung zum Thema hat (Lk 2,21), gleichsam von Lukas zu Matthäus »hinüberschwenken«. Als matthäische Aspekte, die sich bei Lukas nicht finden, hören wir in

… und bei Matthäus

Teil V, wie die Weisen aus dem Osten sich auf den Weg zur Krippe machen (Mt 2,1–2) und wie Herodes in seiner Furcht vor einem kindlich-mächtigen Konkurrenten selbst vor Mord nicht zurückschreckt (Mt 2,3–6). Teil VI beschreibt schließlich am Fest der Erscheinung Christi drei weitere Stationen dieses Geschehens: wie der Stern die Weisen auf ihrem Weg führt, wie sie am Ziel ankommen und das Kind anbeten sowie schließlich – zumindest als Andeutung – auch noch ihre Rückreise gen Osten (Mt 2,7–12).

PICANDERS VERSUCH, DIE LITURGIE ZU BERÜCKSICHTIGEN …

Zwischen Bibel und Libretto steht eine wichtige Instanz, die zumindest indirekt die Planungen von Picander und Bach von Anfang an beeinflusst hat: die lutherische *Leseordnung* der weihnachtlichen Gottesdienste, wie sie in Leipzigs Hauptkirchen St. Nikolai und St. Thomae selbstverständlich in Geltung war. Diese Ordnung legt kalendarisch fest, welche biblischen Texte aus dem Alten und Neuen Testament an den Sonn- und Festtagen des Kirchenjahres vorzutragen sind, wobei der jeweils wichtigste biblische Abschnitt das *Tagesevangelium* ist, über das meistens auch gepredigt wurde.

Wie sind Picander und Bach nun vorgegangen? Der Beginn ist klar. Mit den berühmten *Anfangsworten* »Es begab sich aber zu der Zeit, …« hebt der biblische Teil des Oratoriums an. Hier werden die ersten Leipziger Hörerinnen und Hörer im Jahr 1734 gedacht haben: Jetzt hören wir also nochmals das Evangelium dieses Ersten Festtages, nun aber in der Sprache der Bach'schen Musik und ergänzt mit betrachtenden Sätzen. Zunächst stimmt das exakt. An den folgenden Aufführungstagen aber kommt die liturgisch-oratorische Übereinstimmung an ihre *Grenzen*. Bereits der Zweite und vor allem der Dritte Weihnachtstag stellen Picander vor große Probleme. Das Oratorium kann weder auf den Gedenktag des heiligen Stephanus als erstem Märtyrer Rücksicht nehmen noch auf den Vortrag des Johannesprologs am Tag darauf. Allerdings wurde in den Leipziger Gottesdiensten zur Jahreswende 1734/35 mehrmals über diese »alternativen« Evangelien gepredigt und keineswegs über die Weihnachtsgeschichte, von der Bach und Picander in ihrer »Predigt in Tönen« singen und spielen! Gerne wüsste man heute, wie diese merkwürdige *Diskrepanz* zwischen Liturgie und Oratorium damals empfunden wurde.

Der Johannesprolog eignet sich nicht für das Oratorium.

Unsere beiden Autoren haben letztlich keine Wahl: Um des oratorischen Duktus' willen müssen sie den biblischen Ereignissen nach Lukas und Matthäus folgen, die Liturgie hingegen etwas vernachlässigen. Ihr *Kunstgriff* (siehe Skizze S. 62 f.) besteht darin, dass sie den theologisch-liturgisch durchaus wichtigen Prolog des Johannesevangeliums »Im Anfang war das Wort ...« geschickt umgehen, indem sie das Evangelium des ersten Festtags in zwei Abschnitte teilen und damit Teil I und II des Oratoriums biblisch versorgen. Das Evangelium des Zweiten Festtags rückt somit einen Tag weiter (Teil III) und ersetzt den Johannesprolog. An Neujahr (Teil IV) kommt es dann zur einzigen exakten Übereinstimmung zwischen Evangelium und Oratorium.

Bei den Teilen V und VI »stört« insbesondere die Erzählung von der *Flucht nach Ägypten* Picanders oratorische Chronologie. Die Leseordnung bedenkt nämlich seit alters her die Flucht der Heiligen Familie bereits vor dem Fest der Erscheinung, das die Anbetung der Weisen an der Krippe zum Thema hat. Wie aber soll plausibel werden, dass die heilige Familie flieht, bevor die Weisen überhaupt zur Krippe gekommen sind? Picander und Bach verzichten auf die Flucht, wodurch eine Lücke entsteht. Um sie zu füllen, wenden sie einen Kunstgriff erneut an, der sich bereits beim Ersten und Zweiten Christtag bewährt hatte. Sie teilen auch das Evangelium vom 6. Januar in zwei Abschnitte, was eine reizvolle dramaturgische Spannung ergibt, die jener des ersten Teils – sie hieß adventliche Erwartung (2–5) und weihnachtliche Erfüllung (6–9) – zumindest vergleichbar ist: Die Weisen machen sich erwartungsvoll auf den Weg zur Krippe (Teil V), um schließlich am Ziel ihres Suchens anzukommen (Teil VI).

Die sechs Teile des Weihnachtsoratoriums: Aufführung 1734/35, Bezug zur Liturgie, Themen-Polarität

	TEIL I	TEIL II	TEIL III
Festtag / Sonntag *Datum* *Wochentag*	1. Weihnachtstag 25. Dezember 1734 Samstag	2. Weihnachtstag 26. Dezember 1734 Sonntag	3. Weihnachtstag 27. Dezember 1734 Montag
1734/35: AUFFÜHRUNG DES GESAMTWERKES (I–VI) IN ST. NIKOLAI UND			
in der Frühe *am Nachmittage*	St. Nikolai St. Thomae	St. Thomae St. Nikolai	St. Nikolai ---------
EVANGELIEN (LITURGIE) UND BIBLISCHE GRUNDLAGE DES ORATORIUMS:			
Evangelium *Leseordnung*	Lukas 2,1–14 W-geschichte	Lukas 2,15–20 W-geschichte	Johannes 1,1–14 Johannes-Prolog
Predigt bei UA *vormittags*	übereinstimmend Mt 23,34–39	Stephanstag (zweites Evangelium)	Joh 21,15–24
Predigt *nachmittags*	Epistel Jes 9,2–7	Stephanstag-Epistel Apg 6,8–15; 7,55–60	----------- Gal 3,23–29
biblischer Text Oratorium	Lukas 2,1.3–7 W-geschichte: Geburt	Lukas 2,8–14 W-geschichte: Engelsbotschaft	Lukas 2,15–20 W-geschichte: Anbetung der Hirten
Überein- stimmung	Ev-Pr(-WO)	-----------	------------
Weihnachts- Historien	mit deren biblischer Textgrundlage stimmt das Bibelwort in Bachs allerdings mit Ausnahme der von Bach nicht berücksichtigten		
Themen- Polarität:	**Armut-Majestät** (christologisch-inkarnatorisch)	**Engel-Hirten** (musikalisch)	**Gott–Mensch** (christologisch-erotisch)

TEIL IV	TEIL V	TEIL VI
Neujahr 1. Januar 1735 Samstag	Sonntag nach Neujahr 2. Januar 1735 Sonntag	Epiphanias 6. Januar 1735 Donnerstag
EINZELNER TEILE (I, II, IV, VI) IN ST. THOMAE:		
St. Thomae St. Nikolai	St. Nikolai --------	St. Thomae St. Nikolai
Lukas 2,21 Beschneidung	Matthäus 2,13–23 Flucht nach Ägypten	Matthäus 2,1–12 Die Weisen
übereinstimmend	Mt 2,13-15	übereinstimmend
Epistel Jes 60, 1–6	-----------	Epistel
Lukas 2,21 W-Geschichte: Beschneidung	Matthäus 2,1–6 W-Geschichte: Die Weisen (Suche)	Matthäus 2,7–12 W-Geschichte: Anbetung der Weisen
Ev-Pr-WO	-------------	Ev-Pr(-WO)
Weihnachtoratorium weitgehend überein – Flucht nach Ägypten		
Leben–Sterben (anthropologisch)	**Licht–Finsternis** (symbolisch)	**Feind-Freund** (christologisch-eschatologisch)

… UND SEIN BESTÄNDIGER »UMWEG« ÜBER DAS PARODIEREN

Nachdem die biblischen Abschnitte und die Choralstrophen festliegen, kann Picander sich dem Verfassen der weiteren Sätze zuwenden. Die großen Chöre und Arien sowie im sechsten Teil auch die Accompagnati entstehen im Rahmen des *Parodieverfahrens* (vgl. S. 20 ff.). Der Librettist greift hier, vielleicht auf Bachs Initiative hin, fast durchweg auf den Wortlaut bereits vorhandener Werke zurück. Er kann also nicht einfach neu ansetzen und gleichsam auf einem leeren Blatt seinen weihnachtlichen Gedanken – inspiriert vom den Evangelien nach Lukas und Matthäus – freien Lauf lassen. Vielmehr ist es seine Aufgabe, längst fertige weltliche Dichtungen, deren Vertonung aus Bachs Feder bereits vor Monaten erklungen war, neu zu textieren. Dies geschieht zum einen durch *Bearbeitungen*, die nah am originalen Wortlaut, seinen Gesten und Affekten bleiben, so dass etwa aus der weltlichen Huldigung »Kron und Preis gekrönter Damen« im ersten Teil des Oratoriums die geistliche Version »Großer Herr, o starker König« (8) wird; zum anderen entscheidet Picander sich bisweilen für eine *gänzliche Neufassun*g des Textes, die mit dem »Original« nur noch das Versmaß gemein hat, wofür die Alt-Arie »Bereite dich Zion, mit zärtlichen Trieben« (3) das eindrucksvollste Beispiel bietet.

Von Herkules zum Krippenkind

Deren Vorlage hat nämlich völlig anders gelautet. Herkules singt: »Ich will dich nicht hören, ich will dich nicht wissen, verworfene Wollust, ich kenne dich nicht«. Wichtig ist bei jeder Parodie, dass am Ende die bereits vorhandene Musik auch zum zweiten, dem weihnachtlichen Wortlaut möglichst ähnlich gut passt wie zum ersten, für den sie einige Monate oder wenige Jahre zuvor entstanden war. Bach hätte diesen poetischen Auftrag wohl als *»intricat«* bezeichnet, was so viel wie »vertrackt« bedeutet. Aber er wusste die Aufgabe des Parodierens bei Picander ja nicht zum ersten Mal in den allerbesten Händen.

Leider ist über die konkreten *Arbeitsschritte* dieses poetisch-musikalischen Teamworks, an dem sich ja beide Autoren gleichermaßen beteiligen mussten, kaum etwas bekannt. Auf den ersten Blick scheint es so, dass bei den weltlichen Werken der Librettist Picander »in Vorlage« tritt, damit Bach das Libretto anschließend vertonen kann. Beim Parodieren ist es eher umgekehrt: Bachs Komposition liegt bereits vor, so dass Picander den ursprünglichen weltlichen Huldigungstext entfernen muss, um der Musik dann die neuen, nun weihnachtlichen Worte so auf den »Klangleib« zu schneidern, dass die Qualität des Wort-Ton-Verhältnisses unter den neuen textlichen Bedingungen möglichst wenig Schaden nimmt.

Ob diese in groben Zügen durchaus stimmige Sicht des Entstehungsvorgangs speziell beim Weihnachtsoratorium immer auch den *zeitlichen Ablauf* genau beschreibt, ist jedoch fraglich. Gewiss ist, dass die weltlichen Aufführungen – vor allem der beiden Kantaten »Tönet, ihr Pauken!« (BWV 214) und »Herkules auf dem Scheidewege« (BWV 213) – zeitlich den kirchlichen vorausgingen (vgl. Einleitung S. 22 ff.). Keineswegs sicher ist jedoch, wann genau die Planung eines Weihnachtsoratoriums in den Köpfen von Picander und Bach gereift ist. Deshalb fragen wir: Könnte nicht die zweite, die »weihnachtliche Idee« vielleicht schon zur Zeit der Komposition der weltlichen Vorlagen zumindest grob umrissen gewesen sein? Diese Vermutung erhärtet sich, wenn wir den Eingangschor des Gesamtwerkes (»auf, preiset *die Tage*«)

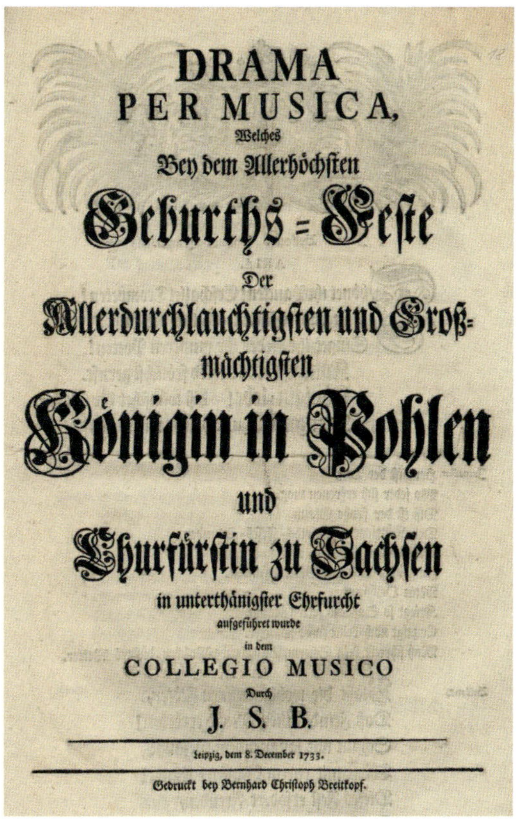
DRAMA
PER MUSICA,
Welches
Bey dem Allerhöchsten
Geburths=Feste
Der
Allerdurchlauchtigsten und Groß-
mächtigsten
Königin in Pohlen
und
Churfürstin zu Sachsen
in unterthänigster Ehrfurcht
aufgeführet wurde
in dem
COLLEGIO MUSICO
Durch
J. S. B.
Leipzig, dem 8. December 1733.
Gedruckt bey Bernhard Christoph Breitkopf.

Textdruck der Kantate »Tönet, ihr Pauken!«

und zugleich des Ersten Weihnachtstages (»rühmet, was *heute* der Höchste getan«) aufmerksam in Wort und Klang hören.

Gleich die Anfangstakte zeigen klar, wie sehr Picanders ursprünglich-weltliche Textierung »Tönet, ihr Pauken! Erschallet, Trompeten!« die erste und maßgebliche Inspiration für Bachs Musik war, die ebendiesen Wortlaut ja präzise in Musik »übersetzt«. Wenn im Mittelteil dann aber eine gegensätzliche und fast demütige Musik erklingt, fällt auf, dass dieser Kontrast im »originalen« Wortlaut keinen Anhaltspunkt hat, weil der Vivat-Ruf »Königin lebe!« dort durchweg erklingt. Wie anders und letztlich stimmiger hören wir es im Weihnachtsoratorium! Denn hier hat die poetische Abwechslung zwischen extrovertierten Imperativen wie »Jauchzet!«, »frohlocket!«, »rühmet!« und introvertiertem Bekenntnis mit Worten wie »dienen« und »verehren« tatsächlich eine musikalische *Entsprechung*. Zudem finden die weihnachtlichen »herrlichen Chöre« durchaus eine Art »Echo« in der quasi mehrchörigen Musik mit Trompetenchor, Streicherchor und Vokalchor, obwohl sie doch erst zum zweiten und zeitlich späteren Text gehören.

Es ist also zumindest denkbar, dass der später aufgeführte Text bisweilen zugleich – im Blick auf Bachs kompositorische Inspiration nämlich – der frühere war. Wie gerne wären wir einmal, wenn auch nur für die ein oder andere Stunde, Ohrenzeugen einer *konzeptionellen Unterredung* zwischen Picander und Bach über die Planung mehrerer weltlicher Kantaten und eines Weihnachtsoratoriums um 1733/34. Doch leider sind zu diesem »Teamwork«, das in der Komponierstube des Thomaskantors oder vielleicht gelegentlich im Zimmermannschen Kaffeehaus stattgefunden haben könnte, keinerlei Dokumente überliefert.

Bachs Anteil am Libretto bliebe gänzlich im Dunkel, wären da nicht die wenigen nachträglichen *Korrekturen* an Picanders Wortlaut, die der Komponist nach der Druckfreigabe des Textheftes noch in seiner Partitur angebracht hat. Zwei dieser Änderungen betrachten wir näher. Im ersten Teil besingt die Bass-Arie mit Trompete in majestätischen Klängen den menschgewordenen Gottessohn:

	REIM	MUSIK
Großer Herr, o starker König,	a	A
Liebster Heiland, o wie wenig	a	
Achtest du der Erden Pracht!	b	
Der die ganze Welt *gemacht* / *erhält*,	b	B
Ihre Pracht und Zier erschaffen,	c	
Muss in harten Krippen schlafen!	c	
Großer Herr, o starker König,	a	A
Liebster Heiland, o wie wenig	a	
Achtest du der Erden Pracht!	b	

Ein ganzes Ensemble von Prädikaten dient zur poetisch-theologischen Beschreibung der Hauptperson. Jesus ist gubernator (Herr und König), creator (Schöpfer) und salvator (Heiland). In den Zeilen »der die ganze Welt *gemacht*, / Ihre Pracht und Zier *erschaffen*« betont Picander den Schöpfungsgedanken sogar doppelt, und so steht der Arientext gedruckt im Textheft zur ersten Aufführung 1734/35:

Jesus ist gubernatur (Herr), creator (Schöpfer), salvator (Heiland) …

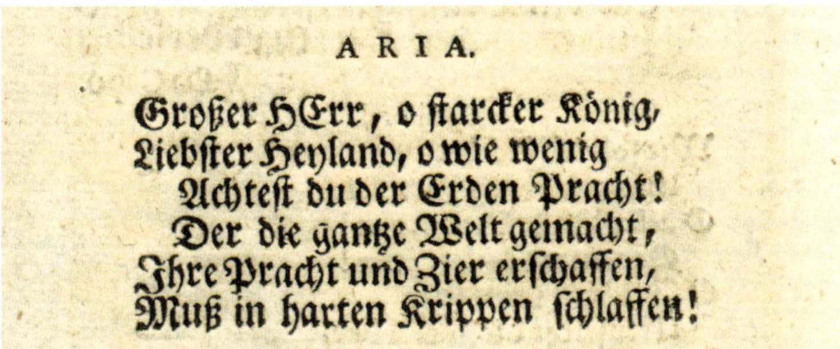
ARIA.

Großer HErr, o starcker König,
Liebster Heyland, o wie wenig
Achtest du der Erden Pracht!
Der die gantze Welt gemacht,
Ihre Pracht und Zier erschaffen,
Muß in harten Krippen schlaffen!

Bach aber hat genau hier Picanders Dichtung geändert. Er vertont den Wortlaut »der die ganze Welt *erhält*«. Vielleicht wollte er den fehlenden Gedanken des conservators (Erhalter) hier noch einfügen, mit dem er gewiss »von Kindesbeinen an« aus Luthers Kleinem Katechismus sowie durch Schulbücher wie Leonhart Hütters weit verbreitetes »Compendium« (1610)[10] vertraut war. Auch Kirchenlieder besingen diesen Gedanken. »Da findet ihr das Kind ge-

… und auch conservator (Erhalter).

legt, das alle Welt erhält und trägt«, heißt es etwa in der fünften Strophe des Chorals »Vom Himmel hoch, da komm ich her« von Martin Luther. Dass Bachs Änderung den Reim Picanders zerstört hat, fällt nicht weiter auf, weil die musikalische Dacapo-Form an genau dieser Stelle das Reimschema des Paarreims »überspielt«. Das hierbei übliche instrumentale Zwischenspiel bzw. Nachspiel ganz am Ende lässt die Hörerinnen und Hörer bis heute den beschädigten Reim vergessen, während sie sich an der neu gewonnenen *Assonanz* »Welt erhält« erfreuen dürfen.

Als zweites Beispiel wählen wir die berühmte *»Echo-Arie«* (39), deren poetisch-musikalisches Vorbild in der Herkules-Kantate »Lasst uns sorgen, lasst uns wachen« am 5. September 1733 im Zimmermannschen Kaffeehaus in Leipzig erklungen war. Worum geht es in jener Huldigungsmusik zu Ehren des Kurprinzen (vgl. Einleitung S. 22)? Der Göttersohn Herkules fungiert als mythologisch-moralisches Vorbild für den elfjährigen sächsischen Kurprinzen Friedrich. Bei der Natur vergewissert Herkules sich, dass er gerade dabei ist, den richtigen Weg einzuschlagen. Auf die Frage, ob er womöglich doch »irrig« in seiner Wahl des Weges sein könnte, antwortet das Echo mit »Nein!«. Picander legt Herkules die folgenden Worte in den Mund, die im Druck der »Ernst-, Schertzhafften und Satyrischen Gedichte« nachzulesen sind:

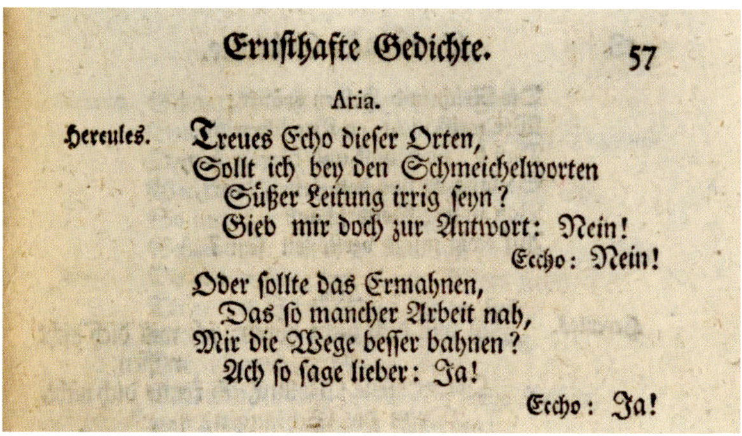
Ernsthafte Gedichte. 57

Aria.

Hercules. Treues Echo dieser Orten,
Sollt ich bey den Schmeichelworten
Süßer Leitung irrig seyn?
Gieb mir doch zur Antwort: Nein!
Eccho: Nein!
Oder sollte das Ermahnen,
Das so mancher Arbeit nah,
Mir die Wege besser bahnen?
Ach so sage lieber: Ja!
Eccho: Ja!

In Bachs Partitur steht jedoch am Schluss des A-Teils die kleine Variante »Gib mir *deine* Antwort: Nein!« Dies lässt sich als dramatische Intensivierung verstehen. Nicht nur *eine* Antwort will Herkules von der Stimme des Echos hören, sondern *»deine«* Antwort. Im Weihnachtsoratorium nun heißt Picanders geistliche Umformulierung:

Flößt, mein Heiland, flößt dein Namen
Auch den allerkleinsten Samen
Jenes strengen Schreckens ein?
Nein, du sagst ja selber nein! Echo: Nein!

Wiederum soll das das Echo *»selber«* antworten. Und das liegt hier wohl noch näher als bei der Vorlage, weil das weihnachtliche Echo ja nicht ein »anonymer« Naturlaut ist, sondern die Stimme des Heilands als derjenigen Person, die mit »Namen« anrufbar ist und auf deren »selber« gegebene Antwort alles ankommt, im Leben wie im Sterben.

Der Mittelteil der Echo-Arie präsentiert in allen Fassungen, weltlich (vgl. S. 68) wie geistlich, jeweils das inhaltliche Gegenstück, worauf das Echo mit »Ja!« antwortet. Im Weihnachtsoratorium hören wir die Verse:

Sollt ich nun das Sterben scheuen?
Nein, dein süßes Wort ist da!
Oder sollt ich mich erfreuen?
Ja, du Heiland, sprichst selbst ja! Echo: Ja!

Dass das Echo »seine« Antwort gibt und »selbst« spricht, übernimmt Picander aus Bachs erster *Korrektur.* Er hat seine Lektion gelernt! Ob er Bach jemals nach dem Grund für diese merkwürdige Änderung gefragt hat, wissen wir nicht. Vermuten dürfen wir aber, dass der Poet, wenn er bei der gottesdienstlichen Uraufführung am Neujahrstag 1735 zugegen war, an ebendieser Stelle etwas geschmunzelt hat. Die Musik lässt nämlich keinen Zweifel daran, aus welchen kompositorischen Gründen Bach die textliche Änderung betrieben hat. Jeweils am Schluss des Wechselspiels zwischen Oboe und Gesang sowie deren Echo mitsamt Doppelecho singt das Echo seine Antwort nämlich höchstselbst, ohne dass die Hauptstimme ihm dieses »Nein!« und »Ja!« vorgesungen hat.

Warum redet das Echo »unaufgefordert«?

Dem großen Bach-Biographen *Philipp Spitta* (1841–1894) waren etwa anderthalb Jahrhunderte nach Bachs Leipziger Erstaufführung des Weihnachtsoratoriums genau diese Takte ein Dorn im Auge. Er kommentiert die Passage kritisch als »Rollentausch« und moniert: »... an den Hauptschlüssen verstummt die Hauptstimme und das Echo redet *unaufgefordert*«. Was Bach und Picander dazu bewogen hat, das Echo-Prinzip so ausgiebig durchzuführen, um es dann am Ende jeweils eklatant zu durchbrechen, ist schwer zu sagen. Vielleicht geht es ihnen auch darum, dass die »himmlische Stimme« des Echos, so »süß, lieblich, freundlich und trostreich« (Martin Moller) sie auch klingen mag, nicht einfach immer nur die menschliche Bitte wiederholen darf. Jedenfalls ist das Ergebnis in der Echo-Arie eine kostbare und zugleich köstliche Variante der zahllosen Echo-Dichtungen und -Kompositionen, die immer neu die von Thomas Manns im Musiker-Roman »Doktor Faustus« erwähnte Einsicht bestätigen, dass das Echo eben ein »Lieblingsdessin des Barock«[11] ist.

DIE GATTUNG DES ORATORIUMS ...

Bei einem der Gespräche, die Picander und Bach zur Planung des Weihnachtsoratoriums vermutlich geführt haben, könnte durchaus ein wenige Jahrzehnte zuvor erschienenes »Lehrbuch« der *Dichtkunst* auf dem Arbeitstisch gelegen haben, das Anregungen zum Verfassen von Libretti nebst zahlreichen Musterbeispielen hierzu enthält. Auch wir schlagen dieses Werk nun auf, um noch genauer zu erfahren, was eigentlich ein Oratorium ist. Autor des Buches ist *Christian Friedrich Hunold* (1681–1721), ein bekannter Dichter und Librettist. Allerdings veröffentlicht er in diesem Handbuch nicht eigene Gedanken, sondern seine Nachschriften von Vorlesungen des nicht weniger berühmten Predigers und Kantatendichters Erdmann Neumeister (1671–1756), der unter anderem an der Hamburger Hauptkirche St. Jakobi gewirkt hat.

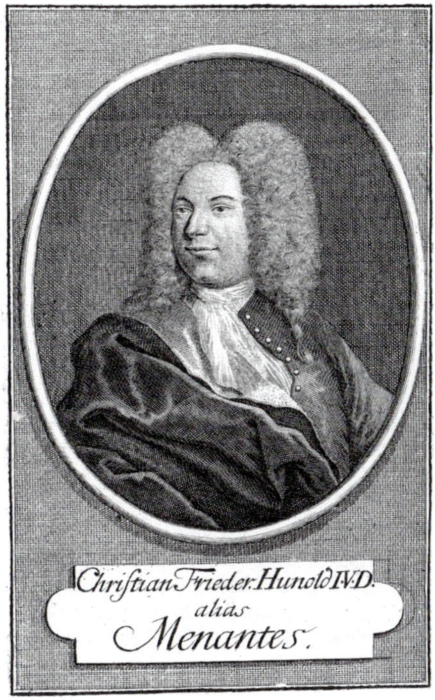

Christian Friedrich Hunold, genannt Menantes

In diesem Lehrbuch mit dem typisch barocken Titel »Die allerneueste Art, zur reinen und galanten Poesie zu gelangen« heißt die *Definition* der Gattung Oratorium: »Eine Oratoria ist eine vortrefflich schöne Art, und vornehmlich wird sie uns in geistlichen Sachen und Kirchen=Stücken contentieren [zufriedenstellen]. Sie ist aber kürzlich also beschaffen, dass ein biblischer Text und Arien unter einander gewechselt werden. Bisweilen tut man auch ein paar Gesätze [Verse] aus einem Choralgesang dazu.«

Sollten Bach und Picander sich je über diese Definition unterhalten haben, dann wären sie sich vermutlich einig gewesen: All das ist richtig und stimmig, zumal die großen Chöre in Oratorien als »Chor-Arien« zu verstehen sind und deshalb in Hunolds Definition keineswegs vergessen wurden. Vielleicht hätte Bach bei einer solchen Unterredung seinen Co-Autor Picander aber auch dezidiert darauf hingewiesen, dass es mit dem Vorschlag »ein paar Choralstrophen«, sozusagen »ad libitum«, keineswegs getan ist. Schließlich ist das *Kirchenlied* die musikalisch-poetische »Muttersprache« der lutherischen Gemeinde und muss deshalb stärker berücksichtigt werden. Picander hätte kaum widersprochen. Im Weihnachtsoratorium erklingen insgesamt 16 Liedstrophen (vgl. die Übersicht S. 52 f.).

Doch lesen wir noch etwas weiter im Handbuch der »reinen

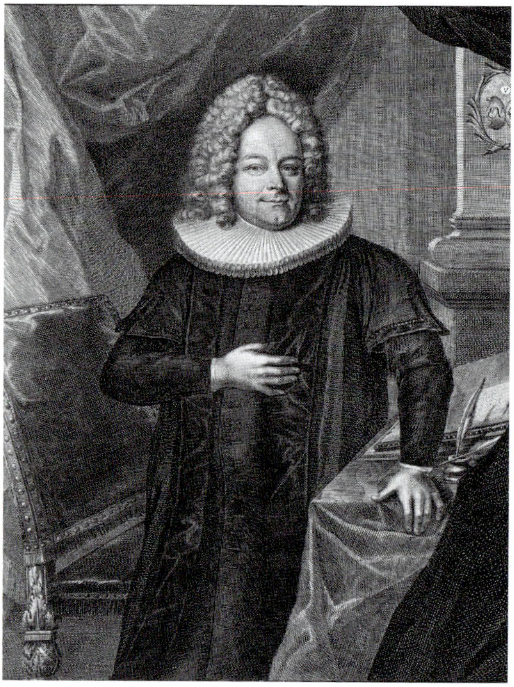

Erdmann Neumeister

und galanten Poesie«. Besonders wichtig ist bei der oratorischen Gattung die *Abwechslung der Formen* gemäß dem bereits in der antiken Rhetorik angewandten Prinzip »variatio delectat«. Daraus ergibt sich ein wichtiger poetischer Ratschlag für alle Librettisten: »Man nehme bei den musikalischen Arien, so wohl hier, als in den Kantaten, und durchgehends nur dieses in acht, dass sie nicht einerlei Genus [Machart] haben, damit sowohl der Poet als der Komponist seine Variationes an den Tag legen. Aus der Materie wird man leicht sehen, ob's ein Solo oder a doi [ein Duett] oder mehr Stimmen werden müssen. Und dem Komponisten wollen wir auch keinen Eingriff tun [ihm nicht vorschreiben], ob er ein Konzert oder andere musikalische Galanterien daraus machen möchte, wenn nur alles a propos [mit stimmigen Übergängen] kömmt.«[12]

Dichtkunst mit Hilfe der Bibelkonkordanz

Das Stichwort *»a propos«* ist entscheidend. Denn es weist auf die beiden für ein Oratorium charakteristischen »Grundrichtungen«, die sich abwechseln, damit ein stimmiger »Rhythmus« von Handlung und Betrachtung entsteht. Die Richtung *nach vorn* vergegenwärtigt die biblischen Ereignisse mit verteilten Rollen. Die Richtung *nach innen* kommt in den betrachtenden Accompagnati, Arien und Choralstrophen zur Geltung. Dazwischen dürfen damalige wie heutige Hörerinnen und Hörer immer wieder gern ein »a propos« ergänzen. Es gibt sogar ein Fachbuch für dieses »a propos«. Das ist die sogenannte Bibelkonkordanz. Sie verzeichnet alle wichtigen Begriffe und listet dann sämtliche Stellen auf, an denen der jeweilige Begriff vorkommt. Manche Forscher sprechen deshalb davon, dass oratorische Texte gemäß der *»Konkordanzmethode«* entstehen. Man könnte durchaus auch von einer »Resonanzmethode« sprechen. Der Librettist geht von einem bestimmten biblischen Gedanken aus und prüft, welche Resonanz es dazu in den vielen Büchern der Bibel gibt. Dies formuliert er dann so eindringlich, dass er zudem auf eine Resonanz bei den Hörerinnen und Hörern hoffen kann. Immer wieder sollen sie bei allen biblischen Themen, auch bei Jesu Geburt, mit den Worten aus Picanders und Bachs Matthäus-Passion aus vollem Herzen sagen können: »Das gehet meiner Seele nah.«

… UND BEISPIELE FÜR BIBLISCH-ORATORISCHES DICHTEN

Als Beispiel wählen wir gleich die erste »Szene« des Weihnachtsoratoriums. Das biblische *Rezitativ* des Evangelisten beginnt, wie schon erwähnt, mit »Es begab sich aber zu der Zeit …« und schließt mit den Worten »Und als sie daselbst waren, kam die Zeit, dass sie gebären sollte.« Wir ergänzen den Zwischenschritt: a propos »Zeit« und a propos »Geburt« – was heißt das hier und heute? Noch genauer gefragt: *Wer* soll *wie* und *wann* geboren werden? Antworten hierauf gibt Picander sogleich im *Accompagnato:*

> Nun wird mein liebster Bräutigam,
> Nun wird der Held aus Davids Stamm
> Zum Trost, zum Heil der Erden
> Einmal geboren werden.
> Nun wird der Stern aus Jakob scheinen,
> Sein Strahl bricht schon hervor.
> Auf, Zion, und verlasse nun das Weinen,
> Dein Wohl steigt hoch empor!

Wer soll geboren werden? Jesus, der *»Bräutigam«* der gläubigen Seele. Dieser Gedanke ist nicht nur vom alttestamentlichen Hohelied der Liebe inspiriert, sondern auch von Jesu Gleichnis über die klugen und törichten Jungfrauen, die den Bräutigam erwarten (Mt 25,1–13). Überdies dürfen wir hier auch an den Eingangschor der Bach'schen Matthäus-Passion denken: »Sehet! – Wen? – den Bräutigam!«

Noch weitere *Namen* für den, der hier geboren wird, sind gleichsam im *Alten Testament* verankert. Er ist der »Held aus Davids Stamm«, was der Evangelist Matthäus mit einem Stammbaum Jesu ausführlich darlegt. Die unmittelbare Vorlage Picanders könnte ein Lied von Adam Drese gewesen sein, in dem es heißt: »Held aus Davids Stamm, deine Liebesflamm mich ernähre ...«. Schließlich noch der »Stern aus Jakob«. Dass ein solcher Stern aufgehen wird, ist eine recht bekannte und verheißungsvolle Bibelstelle, die im Buch Numeri 24,17 steht.

Das unscheinbare Wort *»einmal«* (geboren werden) beantwortet die zeitliche Frage und führt uns ins Neue Testament. Picander bezieht sich hier auf den *Hebräerbrief.* Dort heißt es von Jesu Passion, dass sie »ein für alle Mal« (Hebr 10,10) zu unserem Heil geschehen ist. Ebendiesen Gedanken des »ein für alle Mal« geschehenen Todes Jesu überträgt Picander auf dessen ebenso einmalige Geburt. Gemeint ist also nicht die banale Auskunft, dass alle, die jemals geboren werden, »einmal« geboren werden. Vielmehr soll bekräftigt werden, dass gerade diese Geburt einmalig und einzigartig ist.

Schwierige Worte lassen sich als biblische Zitate entschlüsseln.

Weitere Beispiele mögen zeigen, wie sich *schwierige Worte* des Librettos enträtseln lassen, wenn wir nur den richtigen Vers der Bibel heranziehen. Hat die Choralzeile »Nun seid ihr wohl gerochen« (64) ganz am Ende des Werkes etwas mit Riechen zu tun, oder vielleicht mit Rächen? Die zweite Antwort ist richtig. Was aber hat denn Weihnachten mit Rachegedanken zu tun? Hier müssen wir die Vorlage zur weihnachtlichen Parodie mit bedenken. Das ist eine verschollene Festtagskantate, die den Erzengel Michael (vgl. Offb 12,7–9) besingt, der alle Feinde besiegt hat. Deshalb die vielen kämpferischen Töne im sechsten Teil des Weihnachtsoratoriums (vgl. S. 102 ff.).

Was aber meint »Dir will ich abfahren« (33), durchaus im Unterschied zu »auf dich fahre ich ab« in heutiger Jugendsprache? Diese Choralzeile zitiert eine berühmte Bibelstelle, die Bachs ersten Hörerinnen und Hörern vielleicht spontan präsent war. Im zweiten Kapitel des Lukasevangeliums spricht der *greise Simeon* die Worte »Herr, nun lässt du deinen Diener in Frieden fahren.« Das ungewöhnliche Wort »Abfahren« meint also schlicht: Sterben. Aber heute sagt man doch: »Ich muss sterben«, und niemand sagt: »Ich sterbe dir«. Um das zu verstehen, müssen wir noch eine andere, wiederum wichtige Bibelstelle aufschlagen. Im Brief an die Gemeinde in Rom schreibt *Paulus* die für ihn theologisch zentralen Sätze, die in Martin Luthers Übersetzung so lauten: »Leben wir, so leben wir dem Herrn; sterben wir, so sterben wir dem Herrn. Darum: wir leben oder sterben, so sind wir des Herrn« (Röm 14,8). Was meint das? Alles, was Christen tun und erleben, hat einen Bezug zu Christus. Überall ist er mit dabei, im Leben wie im Sterben, also »in Freuden und in Schmerzen«, wie es im Kirchenlied heißt.

Paul Gerhardt zitiert aus dem Römerbrief des Apostels Paulus.

Wenn wir eine weitere Zeile der Choralstrophe »Ich will dich mit Fleiß bewahren« (Nr. 33) noch mit zitieren, löst sich das gesamte Rätsel. Dann heißt es nämlich in kunstvoller poetischer *Symmetrie:* »Ich will dir / leben hier, / dir will ich abfahren.« Die Symmetrie »ich will dir« – »dir will ich« bringt theo-poetisch zum Ausdruck, wie unlösbar Leben und Sterben miteinander verbunden sind. Nicht nur im Barock gilt die Sterbekunst als die andere Seite der Lebenskunst und umgekehrt. Nun wird auch der biblische Bezug zu Paulus noch deutlicher. Seine Theologie heißt: Christen leben und sterben mit und in Christus. Alles geschieht aus seiner Gnade. So erschließt sich die gesamte letzte Strophe aus Paul Gerhardts Weihnachtslied »Fröhlich soll mein Herze springen«:

Ich will dich mit Fleiß bewahren,
Ich will dir
Leben hier,
Dir will ich abfahren,

Mit dir will ich endlich schweben
Voller Freud
Ohne Zeit
Dort im andern Leben.

Der Beginn der Strophe knüpft zudem mit dem Stichwort »bewahren« an die *Person der Maria* an, von der es in der Weihnachtsgeschichte heißt: »Maria aber behielt alle diese Worte und bewegte sie in ihrem Herzen« (Lk 2,19). Ihre Antwort auf »all diese Worte« der Hirten entfaltet Picanders Libretto in einem Dreischritt, nämlich: als behalten, bewegen und bewahren. Maria »behält«, was sie gehört hat, in ihrer Erinnerung. Sie »bewegt« es, indem sie sich damit beschäftigt. Und sie »bewahrt« es in ihrem Herzen wie einen kostbaren Schatz.

Der poetische »Rhythmus« des Werkes: Lesung, Betrachtung und persönliche Aneignung

Es ist also kein Zufall, dass ausgerechnet diese Strophe von Paul Gerhardt an exakt dieser Stelle im Weihnachtsoratorium erklingt. Picander und Bach denken in »*Szenen*«, die einem bestimmten Rhythmus der liturgischen Verkündigung folgen. Es ist der Dreischritt von Lesung (narratio), Betrachtung (meditatio) und Aneignung (applicatio). Der Evangelist trägt die *Lesung* vor, die von Maria handelt und von ihrer Antwort des Behaltens und Bewahrens. Die *Betrachtung* entfaltet den Gedanken im Blick auf die Glaubenden. Welchen Vorsatz sollen sie, inspiriert von Maria, nun fassen? Picanders Vorschlag für die persönliche Aneignung lautet:

Schließe, mein Herze, dies selige Wunder
Fest in deinem Glauben ein!
Lasse dies Wunder, die göttlichen Werke,
Immer zur Stärke
Deines schwachen Glaubens sein!

Bereits hier kam dem Librettisten vermutlich schon die Liedstrophe »Ich will dich mit Fleiß bewahren« in den Sinn, mit der er die Szene abrunden könnte. »Einschließen« meint »bewahren«. Aber käme dann das Wort »bewahren« nicht vielleicht zu unvermittelt

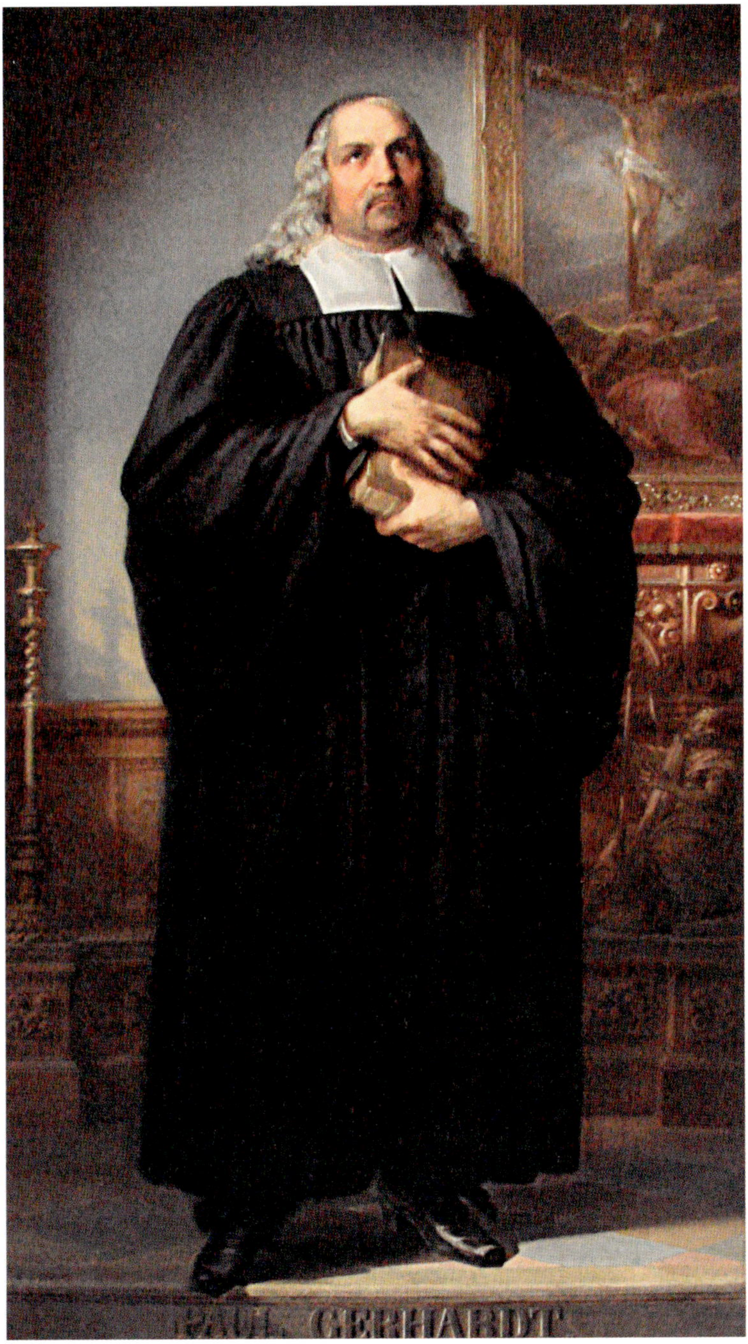

Paul Gerhardt

ins Spiel? Deshalb schiebt Picander ein kurzes Rezitativ ein, als inhaltliche Bekräftigung und formalen Brückenschlag:

Ja, ja, mein Herz soll es bewahren,
Was es an dieser holden Zeit
Zu seiner Seligkeit
Für sicheren Beweis erfahren.

Damit sind wir mittels einer »Assoziationskette« immer tiefer ins Thema eingedrungen. Wichtig sind, wie so oft, die Verben des Textes:

Behalten und Bewegen	biblisch
Einschließen und Stärken	betrachtend
Bewahren und Erfahren	bekräftigend
Leben und Sterben	aneignend

Ganz am Ende des Chorals hören wir dann noch ein weiteres Verb: »*Schweben*«. Eine zusätzliche Spannung, die für die Bibel und für Bachs geistliche Vokalwerke überaus charakteristisch ist, prägt diese Strophe. Es ist die von »Hier« und »Dort« (Ort) oder von »Schon« und »Noch nicht« (Zeit). Mit »Hier« ist das irdische Dasein gemeint, mit all seinen Licht- und Schattenseiten. »Dort« hingegen ist ein Wort für die Verheißung des »anderen Lebens«: in der Ewigkeit, im himmlischen Paradies, in der Schau Gottes »von Angesicht zu Angesicht« (1 Kor 13,11).

So ergibt sich in dieser Liedstrophe insgesamt eine innere Dramatik, die alle Zeiten gleichsam überspannt. Sie reicht von der biblischen *Herkunft* im Vorbild der Maria, welche die Worte der Engel und der Hirten »mit Fleiß bewahren« und »bewegen« will, über die *Gegenwart* im »Leben« und »Abfahren« bis zur endzeitlichen *Zukunft* »voller Freud« und »ohne Zeit«. Nicht nur die biblischen Verse und Picanders Dichtung sind voller »Theo-Poesie«. Dies gilt auch für die Choralstrophen, die Picander und Bach vermutlich gemeinsam ausgewählt haben.

Irdische Klänge für die ewige Vollendung: »... dort im andern Leben«

Jeden der sechs Teile des Oratoriums gestaltet unser Autoren-Duo in überaus schlüssiger Dramaturgie, die sich jeweils einer musikalisch-spirituellen *Grundidee* verdankt. Weihnachten erklingt somit sinnlich wie sinnvoll. Letztlich ist jeder Teil von einer »irdisch-himmlischen« Polarität geprägt. Picanders Aufgabe war es dabei, jeweils zu zeigen, wie sehr diese Polaritäten biblisch inspiriert sind und wie sie zugleich musikalisch inspirierend wirken können.

MAJESTÄT IN NIEDRIGKEIT (TEIL I)

Zwei Spannungsfelder prägen den ersten Teil des Oratoriums. Um adventliche *Erwartung* und weihnachtliche *Erfüllung* geht es, außerdem um Jesu *Majestät* als »vere Deus« und seine *Armut* als »vere homo«. Im Blick auf die erste, die adventlich-weihnachtliche Spannung ist es zumindest vorstellbar, dass Bach vorgeschlagen hat, dass ein Weihnachtsoratorium auf die Klangwelten der adventlichen Sehnsucht nicht verzichten sollte. Um dies komponieren zu können, bedarf es aber einer Zweiteilung des biblischen Textes. Günstig hierfür ist der Übergang von »gebären sollte« (noch Advent) zu »und sie gebar« (schon Weihnachten). Picander führt den Plan poetisch aus, wenngleich der biblische Autor dieser Verse, der Evangelist Lukas, eine solche Zäsur wohl kaum als sinnvoll erachtet hätte!

Adventliche Worte und Töne im Weihnachtsoratorium

Der nächste Schritt Picanders besteht darin, Worte der adventlichen Einstimmung zu finden, obwohl Bachs Gemeinde ja liturgisch bereits den Ersten Weihnachtstag feiert und der Eingangschor genau dies schon festlich bekräftigt hat. Eine heikle, aber interessante Aufgabe! Einerseits steht das Bibelwort von der Geburt Jesu schon im Raum, fast ungeduldig intensiviert durch das mehrfache »nun«. Andererseits soll ein poetischer Klangraum eröffnet werden, in dem adventliche Töne anklingen. Picander bringt die *Erwartung* in drei Sätzen zur Geltung. Das Ergebnis ist ein adventlich-poetisches »Präludium« mit bibeltheologischer Begründung (3), im Zentrum stehender persönlicher Aneignung (4) und schließlich choralhafter Zusammenfassung (5).

Nicht auszuschließen ist, dass Paul Gerhardts Choralstrophe »Wie soll ich dich empfangen?« (5) am Anfang der Planung dieser adventlichen Trias gestanden hat. Es ist eine »mystische« Annäherung an Jesus, jedoch in der »Tonart« der lutherischen Rechtfertigungslehre. Vor allem bilden die letzten Worte »mir kund und wissend sei« einen stimmigen Übergang zur biblischen Kunde von Jesu Geburt, die unmittelbar folgt: »Und sie gebar ihren ersten Sohn ...«.

Die Schaffung solcher *Sinnzusammenhänge,* bei denen die verschiedenen Textschichten des Librettos gleichsam aufeinander reagieren wie in einem wirklichen Gespräch, gehört gewiss zu Picanders poetisch-theologischer Kompetenz. Was aber ist der biblische Sinn des Bildes von einer *»Fackel«*? Hier dürfen wir an Jesaja 62,1 denken: »Um Zions willen will ich nicht schweigen, und um Jerusalems willen will ich nicht innehalten, bis dass ihre Gerechtigkeit aufgehe wie ein Glanz und ihr Heil entbrenne wie eine Fackel.«

Die wichtigste theologische Aussage: Jesus Christus ist wahrer Gott und wahrer Mensch.

Die zweite Spannung dieses Oratorienteils widmet sich der *christologischen Kernaussage,* dass Jesus Christus »wahrer Gott« und »wahrer Mensch« ist. Zwei biblische Zeugnisse stehen im Hintergrund und helfen beim Verständnis des Librettos, weshalb wir sie hier zitieren. Zunächst schlagen wir den Prolog des *Johannesevangeliums* auf, dessen Botschaft über Jesus Christus als »Wort Gottes im menschlichen Fleisch« zumindest indirekt im Weihnachtsoratorium präsent ist: »Im Anfang war das Wort, und das Wort war bei Gott, und Gott war das Wort« (Joh 1,1) – »Und das Wort ward Fleisch und wohnte unter uns« (Joh 1,14). Ähnlich wichtig ist der Hymnus über Jesus Christus im *Philipperbrief,* Kapitel 2. Dieses vermutlich älteste Lied im Neuen Testament betont anhand der Passion die Erniedrigung des Gottessohnes: »Er, der in göttlicher Gestalt war, hielt es nicht für einen Raub, Gott gleich zu sein, sondern entäußerte sich selbst und nahm Knechtsgestalt an, ward den Menschen gleich und der Erscheinung nach als Mensch erkannt« (Phil 2,6f.).

Dass theologisch keiner der beiden Aspekte – Jesu göttliche Majestät und seine menschliche Niedrigkeit – zugunsten des anderen aufgegeben werden darf, gilt auch für das Weihnachtsoratorium. *Dramaturgisch* steht Picander vor der Frage, wo genau der Aspekt der Armut sinnvoll zu platzieren ist. Die Majestät ist ja omnipräsent, zumal bereits der Eingangschor prachtvoll vom »Höchsten« singt und spielt. Am besten passt der »Kontrapunkt« der Armut unmittelbar nach dem biblischen Zeugnis der Geburt im ärmlichen Stall. Mit Bedacht erklingt Martin Luthers Choralstrophe »Er ist auf Erden kommen arm« (7). Es geht aber nicht nur um Jesu Majestät und Armut, sondern zugleich um die Glaubenden. Werden sie durch die Geburt des Gottessohnes arm oder reich?

Der *biblische Schlüssel* zur Antwort auf diese Frage ist 2 Kor 8,9: »Denn ihr kennt die Gnade unseres Herrn Jesus Christus: Obwohl er reich ist, wurde er doch arm um euretwillen, auf dass ihr durch seine Armut reich würdet.« Dieser paradoxe Vorgang, den die Theologie als »wunderbaren Tausch« bezeichnet, war Luther überaus wichtig. Deshalb umschreibt er ihn, vom zitierten Bibelwort *(sola scriptura)* ausgehend, mit »Er ist auf Erden kommen arm – und (uns) in dem Himmel mache reich«.

Poetisch-musikalische Theologie der Liebe

Picander kommentiert nun Luthers Strophe Zeile für Zeile. Er tritt mit Luther in einen Dialog, wobei er sich auch von weiteren Strophen des Liedes inspirieren lässt. Zunächst schaut er auf die Schlussstrophe »Das hat er alles uns getan, / sein groß Lieb zu zeigen an«. Daraus formt er ein fragendes Staunen mit der rhetorischen Frage »Wer kann die Liebe recht erhöhn ...?« Niemand kann »die Liebe recht erhöhn, die unser Heiland vor [für] uns hegt«. Diese Liebe ist vielmehr das höchste Geschenk *(sola gratia)*. »Recht erhöhn« zielt auf eine adäquate Gegengabe zu Gottes Liebe in Christus *(solus Christus)*. Diese gibt es nicht, außer im Glauben *(sola fide)*. Der zweite Kommentar ergänzt den ersten unter dem Aspekt der Einsicht: Weder mein Lieben reicht noch mein Verstehen. Es bleibt ein Wunder, »wie ihn der Menschen Leid bewegt«.

Majestät in Niedrigkeit – durchweg geht es im ersten Teil des Oratoriums um die staunenswerte Gleichzeitigkeit dieser beiden

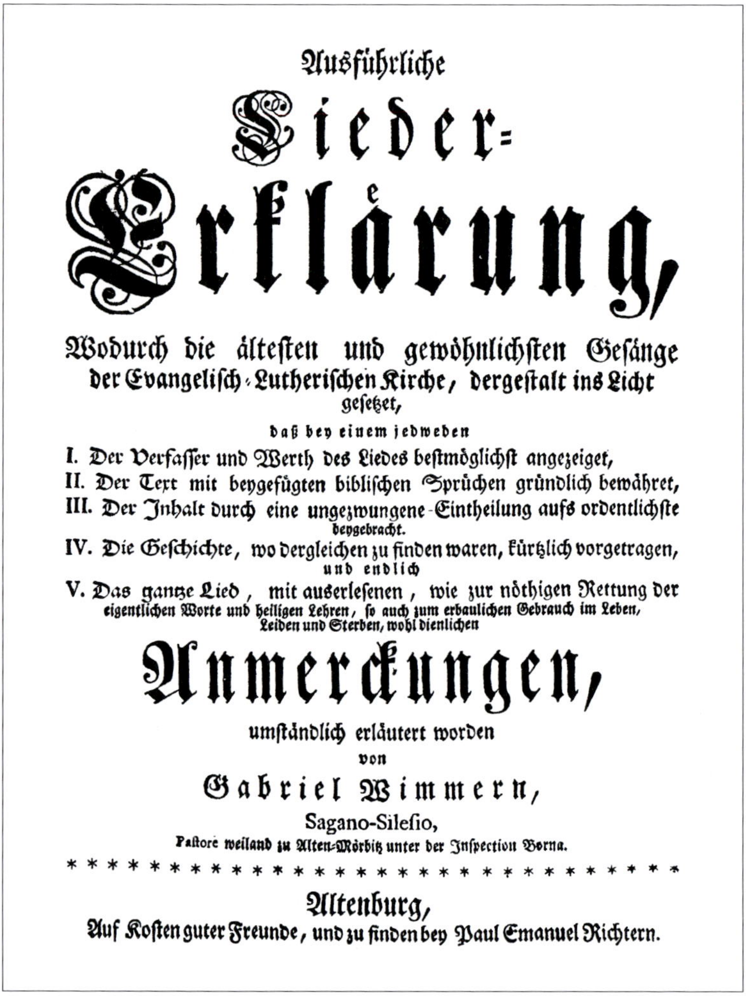

Ausführliche
Lieder-
Erklärung,
Wodurch die ältesten und gewöhnlichsten Gesänge der Evangelisch-Lutherischen Kirche, dergestalt ins Licht gesetzet,
daß bey einem jedweden
I. Der Verfasser und Werth des Liedes bestmöglichst angezeiget,
II. Der Text mit beygefügten biblischen Sprüchen gründlich bewähret,
III. Der Inhalt durch eine ungezwungene-Eintheilung aufs ordentlichste beygebracht.
IV. Die Geschichte, wo dergleichen zu finden waren, kürtzlich vorgetragen,
und endlich
V. Das gantze Lied, mit auserlesenen, wie zur nöthigen Rettung der eigentlichen Worte und heiligen Lehren, so auch zum erbaulichen Gebrauch im Leben, Leiden und Sterben, wohl dienlichen
Anmerckungen,
umständlich erläutert worden
von
Gabriel Wimmern,
Sagano-Silesio,
Pastore weiland zu Alten-Mörbitz unter der Inspection Borna.
* *
Altenburg,
Auf Kosten guter Freunde, und zu finden bey Paul Emanuel Richtern.

Titelseite Gabriel Wimmer: »Ausführliche Lieder-Erklärung«

Aspekte. Und das gelingt rhetorisch besonders stimmig, wenn am Ende die dem Herrscher gebührende Akklamation »Kyrieleis!« – im originalen Textdruck fehlt diese Zeile wohl aus Versehen – zur hymnischen Antwort auf die Niedrigkeit des »vere homo« wird: »So will er selbst *als Mensch geboren* werden. Kyrieleis«. Hier zitiert Picander übrigens den Beginn der ersten Strophe dieses Luther-Liedes »Gelobet seist du, Jesu Christ, / dass *du Mensch geboren* bist«. Die weiter führende Frage, ob bei jeder Liedstrophe womöglich – wie Obertöne – auch die weiteren Strophen des Liedes mitzuhören sind, hätten Picander und Bach vielleicht bejaht.

Auf das »vere homo« dieses Chorals folgt das »vere Deus« in der *Trompetenarie* »Großer Herr, o starker König«. Hier dominiert die königliche Majestät, wenngleich aber auch die Niedrigkeit durchaus Erwähnung findet: »… muss in harten Krippen schlafen«. Der zurückhaltende Mittelteil, der in der Vorlage – die »Königin-Arie« mit dem Beginn »Kron und Preis gekrönter Damen« (BWV 214) – zur Abwechslung diente und dem Trompeter eine Verschnaufpause gönnte, wird im Weihnachtsoratorium stärker als Gegensatz profiliert. Es ist aber kein zielgerichteter Duktus – von der Majestät hin zur Niedrigkeit – beabsichtigt, wie es der bloße Textabdruck ja nahelegen könnte, in dem die »harte Krippe« am Ende steht. Vielmehr ist das Dacapo des Anfangsteils in Anschlag zu bringen: Die majestätisch-göttliche Dimension umgreift gleichsam die menschliche, und sie behält das letzte Wort!

Der *Schlusschoral* ist dann ein Höhepunkt, weil er die Aspekte Majestät und Niedrigkeit simultan vereint. Die Niedrigkeit des »Jesulein« prägt den Text, wohingegen die Majestät musikalisch, nämlich im Klang der Einwüfe der Trompeten und Pauken zur Geltung kommt. Welche »biblische Resonanz« auch bei dieser Strophe in jeder Zeile vorhanden ist, erfahren wir aus einem Lehrwerk über Choräle aus der Bachzeit. Der Leipziger Theologe Gabriel Wimmer (1671–1745) führt in seinem 1749 erschienenen vierbändigen Werk »Ausführliche Lieder-Erklärung«[13] zu dieser Strophe nicht weniger als sechs biblische Zitate an:

> v 13. Ach mein herzliebes a) JEsulein, mach dir ein rein b) sanft Bettelein, zu ruhen in meins Hertzens Schrein c), daß ich nimmer vergesse dein d).
>
> a) Ps. 18, 2. Hertzlich lieb hab ꝛc.
> b) Ps 51, 12 Schaffe in mir ꝛc.
> c) Eph. 3, 17. Christum zu wohnen durch den Glauben in euren Hertzen. Joh. 14, 23. Ps. 132, 14.
> d) Esa. 44, 21. Israel, vergiß mein nicht.

Jede Zeile ist somit biblisch inspiriert. Die »herzliche Liebe« kommt aus Psalm 18,2, der zugleich ein bekannter Liedanfang ist: »Herzlich lieb hab ich dich, o Herr«. Die »Reinheit« des Betteleins stammt aus dem oft vertonten Psalm 51 »Schaffe in mir, Gott, ein reines Herz«. Die Gegenwart Christi in den Glaubenden – mit Bildern wie dem »Schrein« oder der »Wohnung« – lässt sich aus dem Epheserbrief herleiten sowie aus Jesu Verheißung »... und wir werden zu ihm kommen und Wohnung bei ihm machen« (Joh 14,23). Schließlich hat der menschliche Vorsatz des Nicht-Vergessen-Wollens, was Gott getan hat und tut, sein Vorbild in einem auffordernden Gotteswort aus dem Mund des Propheten Jesaja 44,21: »Israel, vergiss mein nicht.«

In jeder Choralzeile steckt ein biblisches Zitat.

Insgesamt »inszeniert« das Libretto des ersten Teils gleichsam die beiden wichtigen Spannungsfelder Erwartung-Erfüllung sowie Majestät-Niedrigkeit. Während die erste Dialektik – anthropologisch – zum weihnachtlichen Höhepunkt als Erfüllung strebt, muss die zweite – christologisch – die Spannung bis zum letzten Ton aushalten.

MUSIK DER ENGEL UND DER HIRTEN (TEIL II)

Wo der poetisch-musikalische Höhepunkt dieses Teils am besten platziert werden kann, war für Picander und Bach wohl von Anfang an klar. Schließlich wird am Zweiten Weihnachtstag der wichtige »*Hymnus angelicus*« erklingen, das biblische »Ehre sei Gott in der Höhe«. Damit hätte der Teil vielleicht sogar enden können. Picander und Bach verfolgen aber einen anderen Plan, der die Grundidee des zweiten Teils ausmacht. Es geht um die »sinfonische« Einheit von Engelsmusik und Hirtenklängen. Biblisch singen zunächst ein Engel und dann die ganze Engelsschar. Picander und Bach fragen nun, wer denn zu Jesu Lob und Ehre noch singen und spielen könnte. Ihre Antwort ist eine dreifache: die *Hirten* mit *Maria* an der Krippe und *Wir* hier und heute in weihnachtlicher Freude.

Vielleicht wurde diese Antwort befördert durch einen Blick in den Fundus der *weltlichen Vorlagen*, die durch Umtextierung ins Oratorium integriert werden sollen. Ein »Gloria« gibt es dort freilich nicht, deshalb muss es neu komponiert werden. Aber wäre die virtuose Alt-Arie »Fromme Musen! Meine Glieder« mit Oboe d'amore – für Tenor und Flöte umgeschrieben – nicht gut aus dem Mund eines Hirten denkbar? Die Sopran-Arie, mit der die Wollust den kleinen Herkules in den Schlaf singen will, um ihn besser betören zu können, wird hingegen der mütterlichen Altstimme zugewiesen. Dann fehlt nur noch das »Wir«, und dafür eignet sich der Schlusschoral, nachdem der vorletzte Satz das hier skizzierte Grundkonzept prägnant mit diesen Worten resümiert hat:

So recht, ihr Engel, jauchzt und singet,
Dass es uns heut so schön gelinget!
Auf denn! wir stimmen mit euch ein,
Uns kann es so wie euch erfreun!

Wir singen mit den Engeln quasi im Duett! Die Himmelsmusik inspiriert zunächst die irdische (Zeilen 1 und 2); die irdischen Klänge wiederum wollen um der geteilten Freude willen in die himmlischen mit einstimmen (Zeilen 3 und 4). Wo aber sind die *Hirten* geblieben? Das könnte eine kritische Frage Bachs an Picander gewesen sein, als er das Libretto durchgesehen hat. Und Picanders Antwort – wir erlauben uns eine kleine Spekulation – könnte gelautet haben: »Das lässt sich nicht auch noch poetisch unterbringen! Aber es wird wohl musikalisch zur Geltung zu bringen sein. Könnt Ihr nicht das Prinzip des ersten Teils nochmals aufgreifen? Dort kehrten doch die Trompeten und Pauken aus dem Eingangschor im Schlusschoral wieder.« Genau so verfährt Bach: Die vier Oboen aus der anfänglichen Sinfonia repräsentieren die Hirten erneut im Schlusschoral. Aber sie spielen jetzt nicht mehr ihre schlichten anfänglichen Tonfolgen, sondern das himmlische Motiv, das in der Sinfonia zunächst von den himmlischen Streichern zu hören war. So hat Weihnachten ihre (Klang-)Welt verändert!

Die Grundidee dieses zweiten Teils ist biblisch inspiriert und musikalisch inspirierend. Wer das Lukasevangelium liest, muss jedoch bestätigen, dass die Engel dort musikalisch wesentlich »aktiver« sind als die Hirten! Die Engel singen, wohingegen die Hirten erschrecken und dann hören und verkündigen. Picanders Aufgabe war es, die *Position der Hirten* zu stärken, was ihm überzeugend gelingt. Als erstes widmet er sich der Furcht der Hirten. Sie könnte in einem Accompagnato »ausgemalt« werden. Weil es aber ja keinen Eingangschor gegeben hat, entscheiden Picander und Bach sich für eine Liedstrophe mit den passenden Zeilen »Du Hirtenvolk, erschrecke nicht, / weil dir die Engel sagen ...«. Damit ist die Grundspannung Engel-Hirten aus der einleitenden Sinfonia nun auch mit Worten bekräftigt.

Das Hirtenmotiv wirkt besonders inspirierend.

Dann gibt das Stichwort »Stadt Davids« die Gelegenheit, eine kleine *Hirtentheologie* (14) zu entfalten. Schließlich war David zunächst Hirte und dann erst König. Inspirieren lässt Picander sich insbesondere von Psalm 78: Gott »baute sein Heiligtum wie Himmelshöhen, wie die Erde, die er gegründet hat für immer, und erwählte seinen Knecht David und nahm ihn von den Schafhürden; von den säugenden Schafen holte er ihn, dass er sein Volk Jakob weide und sein Erbe Israel. Und er weidete sie mit aller Treue und leitete sie mit kluger Hand.«

Doch nicht nur bis David, sondern bis zum Hirten Abraham und Gottes Verheißung an ihn reicht die Tradition zurück, die sich weihnachtlich erfüllt, wenn jener geboren wird, der von sich sagt »Ich bin der gute Hirte« (Joh 10,11). Es folgt der letzte und wichtigste poetische Kunstgriff Picanders, an dem dieser wendige Poet gewiss seine Lust hatte – und womöglich sogar Bachs ausdrücklichen Beifall: Quasi »unter der Hand« wird das »Hirtenvolk« des Chorals nun zum *»Hirtenchor«*, den es in der Bibel aber wirklich nicht gibt! Picander bringt ihn hier schon ins Spiel, weil Bach ihn gleich brauchen wird, wenn die Hirten mit ihrem »gesamtem Chor«, nämlich dem Chor der vier Oboen, das Wiegenlied begleiten, das Maria ihrem Neugeborenen »aus einem süßen Ton« singt. Was bedeutet denn »süßer Ton«? Hier hilft uns der bereits zitierte Gabriel Wimmer nochmals weiter. Er erklärt, dass dieses Wort, das auch in Luthers Liedern vorkommt, »ein recht wohlklingendes Lied« meint.

Ein solches Lied könnte Bach also nun komponieren. Weit gefehlt! Er hat es doch schon längst komponiert in der *Herkules-Kantate!* Dort will die Wollust (Sopran) den Knaben in den Schlaf singen, um ihn mit Verlockungen vom Weg der Tugend abzubringen:

Schlafe, mein Liebster, und pflege der Ruh,
Folge der Lockung entbrannter Gedanken.
Schmecke die Lust
Der lüsternen Brust
Und erkenne keine Schranken.

Der Weg der Parodie: von der Wollust zu Maria

Picander muss nun aus diesem Lied der Wollust ein »Marienlied« machen, das Bach der Altstimme anvertrauen wird, deren Arien in den ersten drei Oratoriumsteilen jeweils von Maria inspiriert sind. Die erste Zeile kann aus der Vorlage einfach übernommen werden. Picander hat das Thema »Ruh« ja bereits geschickt im Rezitativ eingeführt: »... dies Lied zur Ruhe vor«. Er ändert nur »pflegen« in »genießen«, womit er vielleicht an das »ergötzen« aus Teil I anspielen will.

Schlafe, mein Liebster, genieße der Ruh,
Wache nach diesem vor aller Gedeihen!

Die beiden Imperative »Schlafe!« und »Wache!« ergänzen sich poetisch recht stimmig. Sie besagen, dass wirklich alles, was Jesus tut, »vor« (für) unser »aller Gedeihen« geschieht. Es kommt uns zugute. Auf einem anderen Blatt steht, dass Bach sich von solchen textlichen *Gegensätzen* wie Schlafen-Wachen in aller Regel zu einer antithetischen Musik inspirieren lässt. Hier jedoch läuft der Gegensatz der Worte musikalisch letztlich ins Leere, weil die Arie der Herkules-Kantate keinen Gegensatz kennt und Bach deshalb auch keinen komponiert hat.

Am Ende sucht Picander neue Worte für den *koloraturenreichen Schluss*, der im Original ja alle Schranken überwinden will. Im Oratorium passt hierzu das Wort »Erfreuen«. Es erklingt durchaus ekstatisch. Aber warum soll nicht auch die weihnachtliche Freude kühn alle »Schranken« überwinden? Eher schwierig zu erklären ist, dass sich nun nicht mehr Jesus freut, sondern »wir unser Herz erfreuen«. Gemeint ist wohl ein gegenseitiges Sich-Aneinander-Freuen«. Als biblische Resonanz lässt sich Jesaja 66 anführen, zumal hier auch die »Brüste« genannt sind: »Freuet euch mit Jerusalem und seid fröhlich über die Stadt, alle, die ihr sie lieb habt! Freuet euch mit ihr, alle, die ihr über sie traurig gewesen seid. Denn nun dürft ihr saugen und euch satt trinken an den Brüsten ihres Trostes; denn nun dürft ihr reichlich trinken und euch erfreuen an ihrer vollen Mutterbrust.«

Gewiss haben Picander und Bach sich über die *sinfonische Grundidee* dieses Teils ausgetauscht. Gegen Ende weiten sie ihr Konzept sogar zu einer Dreichörigkeit aus: Es singen nun, wie bereits angedeutet, Engel, Hirten und »Wir«:

So recht, ihr Engel, jauchzt und singet,
Dass es uns heut so schön gelinget!
Auf denn! wir stimmen mit euch ein,
Uns kann es so wie euch erfreun.

Merkwürdig ist die zweite Zeile. Müsste es, wenn die Engel angesprochen sind, nicht heißen: »... dass es *euch* heut so schön gelinget«? Vielleicht aber ist es ein poetischer Kunstgriff Picanders, dass er die Doppelchörigkeit überaus ernst nimmt. Die Hirten freuen sich am »Gloria« der Engel, die Menschen stimmen ein und dann freuen selbst die himmlischen Engel sich daran, wenn der irdische Gesang »heut so schön gelinget«. Beim Stichwort *»heute«* erinnern wir uns an Picanders Zeilen »was heute der Höchste getan« (Teil I) und »Weil anheut unser aller Wunsch gelungen« (Teil V). All dies sind poetische Variationen des biblisch-liturgischen Satzes »Hodie Christus natus est« – Heute ist uns der

»Heute« als weihnachtliches Schlüsselwort

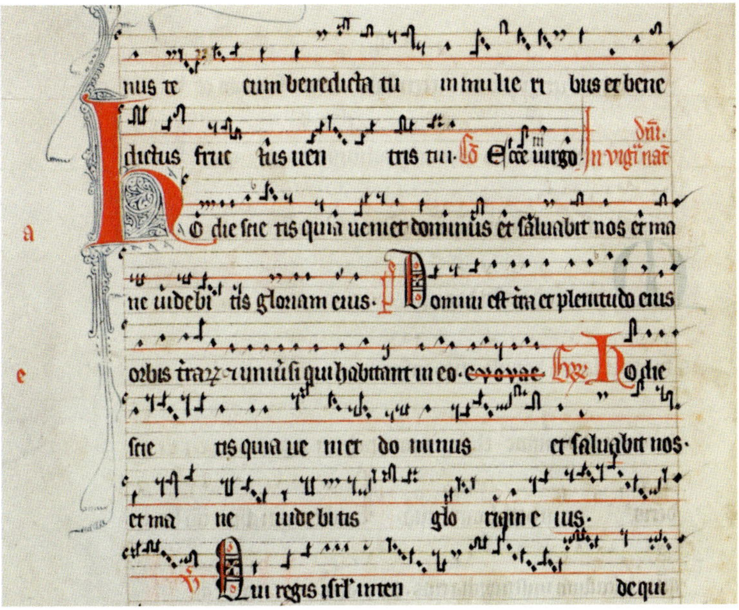

Der gregorianisch-weihnachtliche Gesang »Hodie scietis« aus dem Thomas-Graduale

Heiland geboren, der für die gesamte Weihnachtszeit gilt. Von diesem »Heute« (hodie) haben die Leipziger Thomaner an Weihnachten schon lange vor Bachs Wirken gesungen, wie man etwa dem gregorianischen Gesang »Hodie scietis« – Heute sollt ihr es erfahren: Der Herr kommt, um uns zu erlösen … – im »Thomas-Graduale« (14. Jh) entnehmen kann.

Etliche Jahre nach der Komposition des Weihnachtsoratoriums hat Bach bei der Lektüre eines berühmten Befreiungsliedes in seine *Calov-Bibel* einen interessanten Vermerk eingetragen. Das Lied Miriams, der Schwester des Mose (Ex 15,20f.), inspirierte ihn dazu. Bachs handschriftliche Randbemerkung lautet: »Vorspiel zur Ehre Gottes, auf zwei Chören zu musizieren.« Was er damit konkret gemeint haben könnte, bleibt rätselhaft. Gewiss ist, dass Bach sich für die auch theologisch motivierte *Doppelchörigkeit* immer wieder interessiert hat, denken wir nur an seine doppelchörigen Motetten, an die Matthäus-Passion oder an das mehrchörige Sanctus der Messe in h-Moll. Und nicht ganz unmöglich scheint, dass er bei der Niederschrift dieser Notiz vielleicht sogar an den zweiten Teil seines Weihnachtsoratoriums gedacht hat. Denn hier hat er diesen Gedanken mit Picanders poetischer Hilfe in eine besonders klangvolle weihnachtliche Fassung »übersetzt«.

BEGEGNUNG ZWISCHEN GOTT UND MENSCH (TEIL III)

Dieser Teil entfaltet am dritten weihnachtlichen Feiertag, den es zur Bachzeit noch gab, eine Polarität, die längst schon mit im Spiel ist, nun aber eigens poetisch-musikalisch betrachtet werden soll. Die Frage heißt: Was bedeutet es für das Verhältnis von Gott und Mensch, dass »euer Heil / ist hie *ein Gott* und auch *ein Mensch* geboren«, wie es im Choral »Seid froh dieweil« (35) heißt? Die poetischen Antworten stammen aus dem *Vokabular der Liebe*, was in mehreren Sätzen deutlich wird, etwa im Choral »Dies hat er alles uns getan, / sein groß Lieb zu zeigen an« (28) oder im Duett »Herr, dein Mitleid, dein Erbarmen« mit der Zeile »deine holde Gunst und Liebe …« (29).

Das »Lallen« der »matten Gesänge« wird zum »frohlockenden Preisen«.

Der *Eingangschor* knüpft an das Thema »himmlische Engelsmusik und irdisches Einstimmen« (Teil II) an. Dem »Herrscher des Himmels« gilt das Singen und Spielen. Einerseits sind es die »matten Gesänge« unseres irdischen »Lallens«, andererseits stehen alle Musiker damit in der Nachfolge der »Psalmen«, wie sie biblisch in der Stadt »Zion« erklingen. Der zweite Abschnitt ist ein gutes Beispiel dafür, wie Picander bei der Umtextierung den ursprünglichen *Gestus* zu erhalten sucht: Aus »Fröhliche Stunden, ihr freudigen Zeiten! / Gönnt uns noch öfters die güldenen Freuden: Königin, lebe, ja lebe noch lang!« wird nun »Höre der Herzen frohlockendes Preisen, wenn wir dir itzo die Ehrfurcht erweisen, weil unsre Wohlfahrt befestiget steht«.

Der pochende Rhythmus ist vielleicht von den Worten »Stunde« und »Zeiten« inspiriert, passt aber ja auch zum Frohlocken der Herzen. Aus dem Stundenschlag wird sozusagen der Herzschlag. Ganz am Ende kulminiert der Chor in einer Art Coda im Sinne der

Bekräftigung. Der signalhafte lange Ton des Soprans versinnbildlicht den Wunsch nach dem langen Leben der Königin, in den die Unterstimmen sofort einfallen. Die weihnachtliche Fassung hat den Wortlaut »befestiget steht«, was eine nicht weniger klare Übereinstimmung von Wort und Klang ergibt: So fest, wie der Sopran seinen Ton formt, soll auch die »Wohlfahrt befestiget« sein. Bachs Musik passt geradezu perfekt zum alten wie zum neuen Text.

Überdies ergibt sich hier einer der vielen gleichsam untergründigen *Querbezüge,* die nicht wenig zur poetisch-theologischen Qualität beitragen. Dass die Wohlfahrt der Menschen durch Gottes Menschwerdung »befestiget steht«, ist eine biblische Grundaussage. Zur Dramaturgie des Weihnachtsoratoriums gehört es, dass sie in den Teilen V und VI in Frage gestellt wird, weil hier anhand des Königs Herodes der verwegene Versuch, die göttliche Macht zu »stürzen«, zum Thema wird. Das letzte Wort des Gesamtwerkes aber greift das Motiv wiederum positiv und letztgültig auf. Dass die »Wohlfahrt befestiget steht«, gründet im göttlichen Ratschluss »Bei Gott hat seine Stelle das menschliche Geschlecht«. Diesem Satz verdankt sich Weihnachten und auch Bachs Weihnachtsoratorium. Er steht somit am Beginn und am Ende.

Die erste Szene des dritten Teils ist bewegt. Die Engel verabschieden sich, was keiner besonderen Betrachtung mehr bedarf. Auch die Hirten wollen die Felder verlassen und nach Bethlehem gehen, um »die Geschichte« zu sehen, die sich da ereignet hat und die »der Herr« ihnen kundgetan hat. Sie suchen also, jedoch wissend. Und sogleich werden sie finden.

Diesen Einschnitt nutzt Picander. Er stellt gleichsam die in der oratorischen Theorie oft behandelte Zwischenfrage: *A propos »Kunde«*? Was bedeutet denn dieses Geschehen? Seine Antwort greift tief in die Verheißungen des Alten Testaments und findet Worte wie Trost, Erlösung, Hilfe aus Zion, Ende des Leides. Die beiden letzten Zeilen blicken zurück und voraus: »dies hat er getan« blickt auf das »kund getan« zurück; »dieses trefft ihr an« steigert die Spannung in Richtung der Ankunft der Hirten an der Krippe.

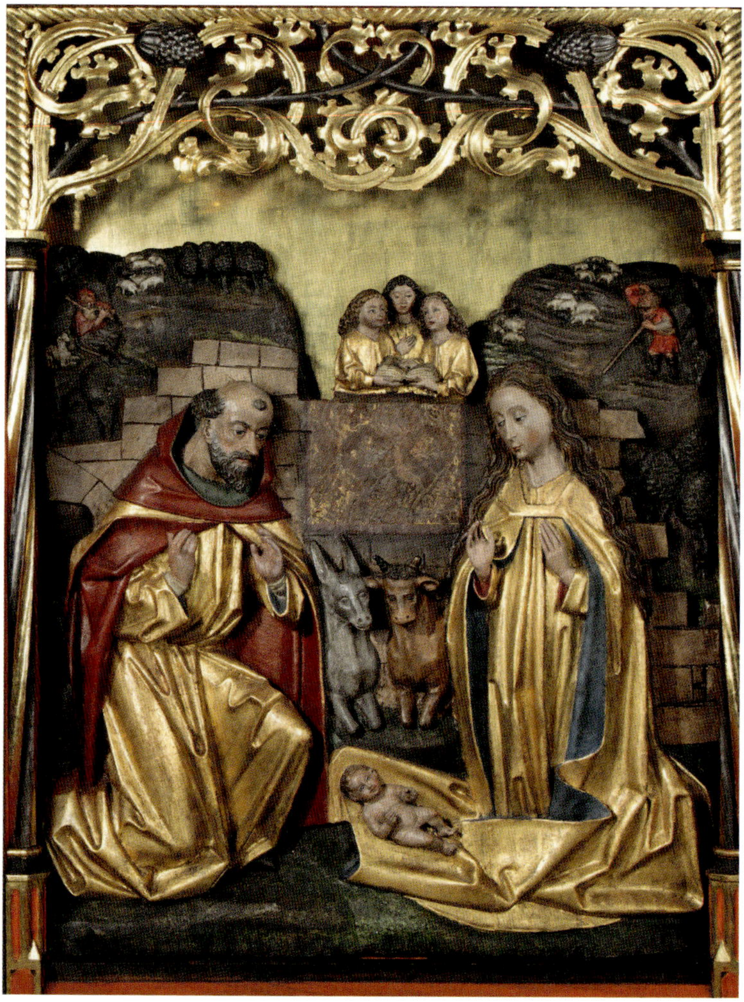

Geburt Christi aus dem Pauliner-Altar Leipzig, den Bach gewiss kannte

Die *Polarität Gott-Mensch* ist in Jesus Christus vollendet. Wenn wir sie im Sinne des Spannungsfeldes Gott-Menschheit verstehen, dann ist sie eine Verheißung Gottes, der die Menschen nie wirklich adäquat gerecht werden können. Deshalb wird die Sehnsucht nach Vereinigung zum Thema des Liebesduetts zwischen Bass als Vox Christi und Sopran als Stimme des Glaubens: »Herr, dein Mitleid, dein Erbarmen / tröstet uns und macht uns frei« (29). Selbst mit dem neuen weihnachtlichen Wortlaut schimmern musikalisch die erotischen »Obertöne« der Vorlage durch, in der Herkules und die Tugend gesungen haben: »Ich bin deine, / du bist meine, / küsse mich, / ich küsse dich ...«

Hier könnte man sich gut eine »Werkstatt-Unterredung« zwischen Picander und Bach vorstellen, die vielleicht den Gestus des Singens zum Thema gehabt hat. In der Vorlage hören wir durchweg eine dialogische Gestik, denn die beiden Protagonisten Herkules und die Tugend sprechen *miteinander*. Im Weihnachtsoratorium ist es, strenggenommen, ein Reden *übereinander*. Der Text wäre geeignet für eine »monologische« Arie. Die bereits vorhandene Musik gibt aber den Gestus des Duettierens vor. Picander und Bach finden, vielleicht gemeinsam, eine Lösung: Die musikalisch-dialogischen Gesten sind so stark und effektvoll, dass die vom vokal-instrumentalen Zwiegespräch geradezu entzückten Hörerinnen und Hörer letztlich vergessen, wie wenig der Wortlaut mit seinen »monologischen« Aussagen dem musikalischen Duettieren hier entspricht.

Das Duett: ein musikalischer Dialog ohne dialogischen Wortlaut

Oft schon ist bemerkt worden, dass die erste Hälfte des Weihnachtsoratoriums eine innere Einheit bildet, wobei in der *solistischen Altstimme* zudem eine zumindest »latente Personifizierung« (Walter Blankenburg) Marias mitschwingt. Am Beginn nämlich steht, als erste Arie des Gesamtwerkes, die sehnsüchtig-adventliche *Erwartung*: »Bereite dich, Zion, mit zärtlichen Trieben« (4). Es folgt im zweiten Teil die weihnachtliche *Erfüllung* als mütterliches Wiegenlied »Schlafe, mein Liebster, genieße der Ruh« (19). Und im dritten Teil schließlich geht es um die liebende *Erinnerung* in der einzig neu komponierten Arie des Gesamtwerkes: »Schließe, mein Herze, dies selige Wunder, fest in deinem Glauben ein!« (31).

Eine interessante Beobachtung am Libretto bietet der Schluss des dritten Teils. Das Textheft beendet diesen Teil mit der Choralstrophe »Seid froh dieweil« (35). Die Anweisung zur *Wiederholung* des festlichen Eingangschores, der zweifellos Folge zu leisten ist, steht jedoch in Bachs Partitur und in den Stimmen. Nicht undenkbar ist es deshalb, dass der ursprüngliche Plan des dritten Teils den Beschluss mit der Choralstrophe vorgesehen hatte, genau wie beim fünften Teil. Die Hörerinnen und Hörer der ersten Aufführung wird es vielleicht gefreut haben, dass nach dem Choral unverhofft nochmals der Eingangschor erklungen ist.

Ob die Idee hierzu von Picander oder von Bach stammt, muss offenbleiben. Alles spricht jedoch für Bach. Wäre Picander der »Urheber« gewesen, stünde die Wiederholung vermutlich bereits im originalen Textheft. Für Bach wiederum könnte der Gedanke ausschlaggebend gewesen sein, jeden Teil mit einer anderen *Schlussgestaltung* zu versehen. Denn in der Tat ist jeder Schlusschoral einer anderen Kompositionsweise verpflichtet. Allein bei den Teilen III und V hätte sich der schlichte vierstimmige Satz ohne Zwischenspiele wiederholt – wenn nicht das »Chorus primus repetatur et claudatur« – der Eingangschor ist zu wiederholen, um so zu schließen – gelten würde, so dass im gesamten Oratorium allein dieser Teil nicht mit dem Text einer Choralstrophe schließt.

Jeder der sechs Schlusssätze ist anders gestaltet.

LEBENSKUNST UND STERBEKUNST (TEIL IV)

Beim vierten Teil des Oratoriums waren Picander und Bach sich vermutlich rasch einig: Das kurze Evangelium, das Jesu Beschneidung und Namensgebung erzählt, wird – nach dem Eingangschor »Fallt mit Danken, fallt mit Loben« – aus dem Mund des Evangelisten erklingen, um dann ausführlich betrachtet zu werden. Dieser Vers aus dem Evangelium nach Lukas war zur Bachzeit das *kürzeste Evangelium* im ganzen Kirchenjahr: »Und da acht Tage um waren, dass das Kind beschnitten würde, da ward sein Name genennet Jesus, welcher genennet war von dem Engel, ehe denn er im Mutterleibe empfangen ward« (Lk 2,21). Der Evangelist singt in diesem Teil des Weihnachtsoratoriums nur diesen einen Satz.

Eine zweite Entscheidung des Autoren-Duos betrifft das Parodieren. Mit den uns bereits vertrauten Seitenblicken sowohl auf das Evangelium als auch auf den Fundus weltlicher Stücke kam wohl folgende Entscheidung zustande: Möglichst viele Vorlagen können der *Herkules-Kantate* entnommen werden, zuallererst der Eingangschor. Und damit liegt zugleich die Grundtonart F-Dur und die Mitwirkung von Hörnern fest. Diesen tonartlichen Kontrast zum Gesamtwerk – die sechs Teile stehen in den Tonarten D, G, D, F, A und D, wobei F am weitesten von den übrigen entfernt ist – erwähnen wir hier, weil er vielleicht zum Impuls wurde, nun auch textlich eine Art »Kontrapunkt« zu setzen.

Beim Wortlaut des Librettos fällt auf, dass der vierte Teil keine typisch weihnachtlichen Antworten auf das Bibelwort entfaltet. Vielmehr fallen nun dunkle *Schatten des Kreuzes* auf die Krippe. Von Jesu Passion ist die Rede und vom eigenen Sterben. Biblisch-theologisch war dieser Brückenschlag zur Bachzeit nicht ungewöhnlich. Die Blutsymbolik der Beschneidung führt direkt zur Passion, ja die Beschneidung wird als »Angeld der Passion« bezeichnet. Anders gesagt: Jesu Leben ist eine Einheit vom Anfang (Geburt) bis zum Ende (Leiden, Tod) und der Vollendung (Auferstehung).

Schatten des Kreuzes fallen auf die Krippe.

Wenn nun noch die Einsicht ergänzt wird, dass sich Jesu Leben und das der Glaubenden gleichsam ineinander spiegeln, wird die Polarität dieses Teils verständlich. Es geht um die spannungsvolle Einheit von *Lebenskunst* (ars vivendi) und *Sterbekunst* (ars moriendi). Von der Lebenskunst hören wir in der quicklebendigen Tenor-Arie »Ich will nur dir zu Ehren leben«, wenngleich hier die konkret-originale Sinnbildlichkeit der Arie »Auf meinen Flügeln sollst du schweben« aus dem Mund der Tugend nun nicht mehr gegeben ist. In der Herkules-Kantate besteht das Hauptthema nämlich aus einer Oktav abwärts (wie ein Kopfspung in die Tiefe), Tonrepetitionen (wie Flügelschläge) und weit sich ausschwingenden Koloraturen (quasi Gleitflug des Adlers). Als Ergänzung solcher Lebenskunst widmet sich die Echo-Arie (vgl. S. 68 ff.) mit Zeilen wie »Sollt ich nun das Sterben scheuen? Nein, dein süßes Wort ist da« ganz der ars moriendi.

Zwei Themen fehlen noch zur Komplettierung des biblisch-theologischen Programms für das Fest der Beschneidung Jesu an Neujahr. Das weniger wichtige Thema »Beginn eines neuen Kalenderjahres« mitsamt Lob und Dank hierfür integriert Picander in den *Eingangschor.* Aus »Lasst uns sorgen, lasst uns wachen über unsern Göttersohn« macht er »Fallt mit Danken, fallt mit Loben vor des Höchsten Gnadenthron«. Alles passt melodisch recht gut, weil das sich gleichsam niederbeugende »Sorgen« um den kleinen Herkules gut harmoniert mit dem »Danken« in der Geste eines Kniefalls. Die ursprünglich zum weit ausschauenden »Wachen« komponierte Musik wiederum passt musikalisch gut zum sich erhebenden »Loben«.

Die Grundstimmung soll aber keinesfalls jauchzend sein. Deshalb hören wir nicht das naheliegende »Lasst uns danken, lasst uns loben«, sondern »Fallt mit Danken, fallt mit Loben«. Die Formulierung »vor des *Höchsten* Gnadenthron« ist eine Reminiszenz an den Eingangschor des ersten Teils: »Rühmet, was heute der *Höchste* getan« und »Dienet dem *Höchsten* mit herrlichen Chören«. Der »Gnadenthron« wiederum bezieht sich auf eine Bibelstelle im Hebräerbrief (4,16): »Darum lasst uns freimütig hinzutreten zu dem Thron der Gnade, auf dass wir Barmherzigkeit empfangen und Gnade finden und so Hilfe erfahren zur rechten Zeit.« Picander ergänzt diesen biblischen Impuls im vierten Teil des Oratoriums mit dem Gedanken: »... zur rechten Zeit, im Leben wie im Sterben«. Nicht vergessen dürfen wir zudem, dass »Gnadenthron«, etwa im Schlusschoral der Johannes-Passion Bachs, auch ein Name für Jesus ist: »mein Heiland und Genadenthron«.

Ein Füllhorn mit Namen für das Krippenkind

Das Thema des *Namens Jesu* kennt insgesamt eine reiche und die Konfessionen übergreifende spirituelle Tradition. Auch im Weihnachtsoratorium wird es breit entfaltet. Weil es sich bei diesen beiden dialogischen Sätzen (38,40) wohl kaum um Parodien handelt, hat Picander sozusagen »freie Hand« bei seiner Dichtkunst. Wir hören hier eine Art Litanei, deren Zeilen meistens mit »Mein Jesus, ...« beginnen, um dann den Namen als »süßes Wort« in vielen Variationen zu betrachten, ja geradezu auszukosten. Dass auch hier die für diesen Teil konstitutiven Stichworte »Leben« und »Sterben« fallen, braucht kaum erwähnt zu werden. Picander führt damit poetisch so geschickt zu den Arien hin, dass der Eindruck entsteht, es gebe in einem weihnachtlichen Oratorium nichts Naheliegenderes als eine Arie zur Sterbekunst.

Die nächste Besonderheit des vierten Teils besteht darin, dass Choralworte nun – erstmals im gesamten Oratorium! – nicht im »Gewand« vertrauter Gemeindemelodien erklingen, die für das »Wir« stehen, sondern sehr individualisiert (»Ich«) in *arioser Gestaltung*. Wir hören poetisch-erotische Worte wie »Komm! Ich will dich mit Lust umfassen, mein Herze soll dich nimmer lassen«, die vom alttestamentlichen Hohelied inspiriert sind; das »nimmer lassen« korresponiert mit Hld 4,9: »Du hast mir das Herz genommen.« Zugleich denkt Picander hier auch an die überaus oft zitierte Bibelstelle Genesis 32,27: »Ich lasse dich nicht, du segnest mich denn.« Das zweite Accompagnato erklingt nach der Echo-Arie und hat das gleiche Thema. Nun aber ändert sich der Gestus, denn aus der betrachtenden Haltung wird der Impuls zur *tätigen Handlung*: »Wie rühm ich dich? Wie dank ich dir?« Und keine anderen Fragen könnten die beinahe kraftstrotzende Arie »Ich will nur dir zu Ehren leben« besser einleiten als diese beiden.

Beim *Schlusschoral* hilft dem Autoren-Duo freilich der Blick in die Herkules-Kantate nicht mehr weiter. Deshalb schlagen sie das Gesangbuch auf und werden fündig. Bei den Liedern zum Neujahrstag steht unter der barocken Überschrift »Gottseliger Anfang des Neuen Jahres in und mit dem allersüßesten Namen Jesu« ein passendes Lied. Es ist *Johann Rists* »Hilf, Herr Jesu, lass gelingen, / hilf, das neue Jahr geht an« aus dem Jahr 1624. Eigentlich hätte sich die erste Strophe gut

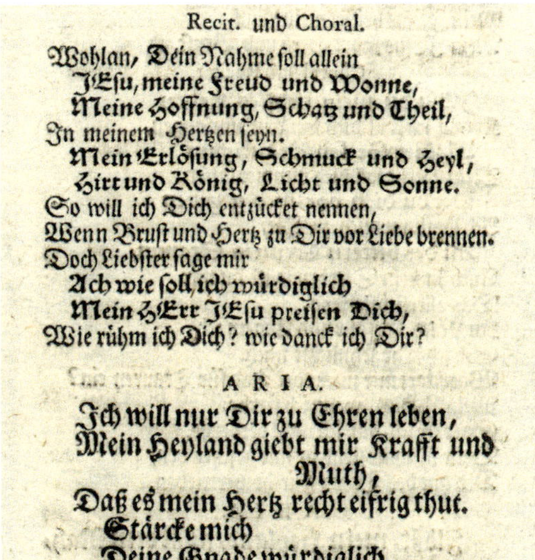
Recit. und Choral.

Wohlan, Dein Nahme soll allein
JEsu, meine Freud und Wonne,
Meine Hoffnung, Schatz und Theil,
In meinem Hertzen seyn.
Mein Erlösung, Schmuck und Heyl,
Hirt und König, Licht und Sonne.
So will ich Dich entzücket nennen,
Wenn Brust und Hertz zu Dir vor Liebe brennen.
Doch Liebster sage mir
Ach wie soll ich würdiglich
Mein HErr JEsu preisen Dich,
Wie rühm ich Dich? wie danck ich Dir?

ARIA.

Ich will nur Dir zu Ehren leben,
Mein Heyland giebt mir Krafft und Muth,
Daß es mein Hertz recht eifrig thut.
Stärcke mich
Deine Gnade würdiglich
Und mit Dancken zu erheben.
Da Capo.

Originales Textheft. Recitativo (Accompagnato) und Arie »Ich will nur dir zu Ehren leben«

an die Tenor-Arie angeschlossen und zudem eine Rahmung zum Eingangschor ergeben. Aber Picander und Bach entscheiden sich wohl deshalb für den vorletzten Vers, weil dieser eine weitere Namen-Jesu-Litanei entfaltet und somit doppelt geeignet ist: zum einen als Ergänzung der den Namen Jesu gewidmeten Accompagnati und zum anderen als rahmender Rückbezug auf das Tagesevangelium mit den biblischen Worten »so war sein Name genennet Jesus«.

SYMBOLIK VON LICHT UND FINSTERNIS (TEIL V)

Nach dem »Kontrapunkt« des vierten Teils mit der innigen Betrachtung des Namens Jesu sind Picander und Bach darum bemüht, in Teil V den weihnachtlichen Erzählfaden wieder aufzunehmen. Dies geschieht durch zwei poetische Kunstgriffe, die sich gegenseitig ergänzen. Zum einen kommt es nun zum Wechsel des Evangeliums: Auf Lukas folgt *Matthäus.* Und welcher Vers könnte geeigneter sein für die Zurückgewinnung des eigentlichen Themas als gleich der erste mit den Worten »Da Jesus geboren war zu Bethlehem …« (Mt 2,1)? Genau davon haben wir doch an den drei nun schon etwa zehn Tage zurückliegenden weihnachtlichen Festtagen ausführlich gehört, wobei der biblisch-motettische Chor aus dem Mund der Engel »Ehre sei Gott in der Höhe …« ein polyphoner Höhepunkt gewesen war. Nun der zweite Kunstgriff: Ebendieser »Hymnus angelicus« erklingt jetzt erneut, jedoch nicht im biblischen Wortlaut, sondern in der *Paraphrase* aus Picanders Feder »Ehre sei dir, Gott, gesungen, / dir sei Lob und Dank bereit'…«.

Die zweite Fassung des Engelschores im Oratorium

Was seit jeher für die österlichen Wochen gilt, dass nämlich die Zeit von Ostern bis Pfingsten wie ein *einziger Freudentag* zu begehen ist, das gilt in gewisser Weise auch für Weihnachten. Das »Hodie Christus natus est« erstreckt sich – wie die sechs Teile des Oratoriums – über die gesamte Weihnachtszeit. Deshalb vielleicht erinnert Picander nun mit dem Stichwort *»anheut«* an den Ersten Weihnachtstag, als es im Eingangschor hieß »… rühmet, was *heute* der Höchste getan«. Das ungewöhnliche Versmaß des Eingangschores zum fünften Teil mag verwundern. Es hat seinen Grund darin, dass Picander hier poetisch den Schlusschor der Herkules-Kantate »Lust der Völker, Lust der Deinen, / blühe, holder Friederich« parodiert. Das ist ihm gut gelungen. Aber es war letztlich eine vergebliche Mühe ohne musikalischen Ertrag, weil Bach sich zwischenzeitlich wohl zu einer *Neukomposition* entschlossen hat, was am Duktus seiner konzepthaften Handschrift gut abzulesen ist. Manche Forscher meinen, dass Bach die zunächst vorgesehene Musik, eine »leichtgeschürzte Gavotte« (Hans-Joachim Schulze) dann doch für weniger geeignet befunden hat. Hoffen wir, dass Picander ihm die Änderung des gemeinsamen poetisch-musikalischen Plans rasch verziehen hat, obwohl sie für ihn hier mit einer unnötigen Arbeit einherging.

Der Eingangschor: eine geplante, aber nicht durchgeführte Parodie

Stellen wir uns nochmals Picander und Bach beim Planungsgespäch vor. Die vorletzte Polarität, die zu finden und dann poetisch wie musikalisch zu gestalten war, gehört ins Reich der Symbolik. *Licht* ist philosophisch wie biblisch ein überaus wichtiges Symbol. In den weihnachtlichen Gottesdiensten hörte auch Bachs Leipziger Gemeinde die Worte des Propheten Jesaja 60,1: »Mache dich auf, werde licht; denn dein Licht kommt, und die Herrlichkeit des HERRN geht auf über dir!«; und im Neuen Testament sagt Jesus: »Ich bin das Licht der Welt« (Joh 8,12). Die unmittelbare Inspiration für den fünften Teil des Oratoriums war aber wohl der *Stern!* Dann braucht es zur poetisch wie musikalisch ergiebigen Spannung ja nur noch den passenden Kontrast, der rasch gefunden ist. Das Gegenteil von Licht ist Finsternis; und schon stellt sich mit Herodes auch ein »finsterer Geselle« ein, der die Rolle des »Negativbildes« übernehmen wird. Er verweigert sich der weihnachtlichen Freude, was die Altstimme ihm vorhält: »O! Solltet ihr euch nicht vielmehr darüber freuen, weil er dadurch verspricht, der Menschen Wohlfahrt zu verneuen?«

Im fünften Teil durchbricht Picander fast humorvoll ein Grundprinzp des Weihnachtsoratoriums, nämlich die Abwechslung der beiden Richtungen »nach vorn« (biblisch) und »nach innen« (be-

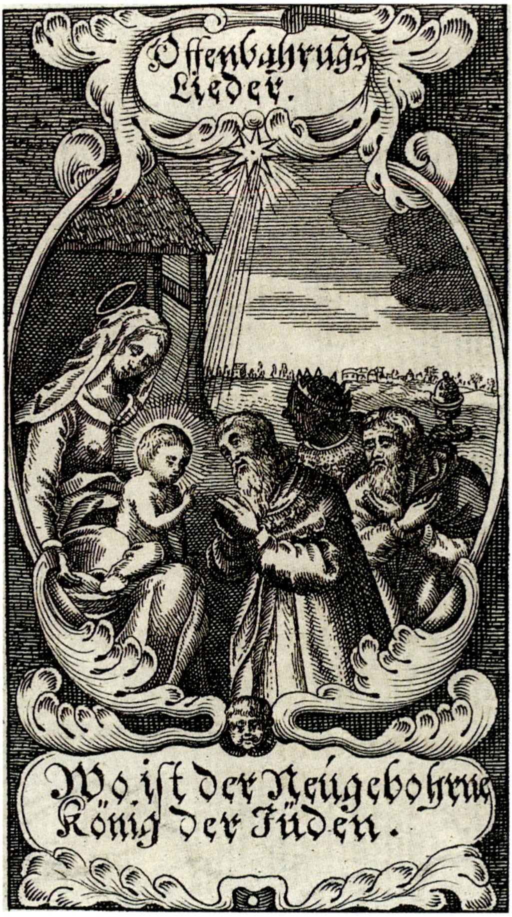

Stich zur Eröffnung der »Offenbarungslieder« im Eisenacher Gesangbuch (1673), mit dem J. S. Bach von Kindheit an vertraut war

trachtend). Wenn die Weisen aus dem Osten – auf der Ebene nach vorn – fragen, wo der »neugeborene König« denn geboren wurde, antwortet die *solistische Altstimme*, die im vierten Teil geschwiegen hat, nun in der »Tonart« der persönlichen Aneignung: »Sucht ihn in meiner Brust!« Das ist zwar keine brauchbare Hilfe für die drei Suchenden, aber ein weiterer Impuls zur Betrachtung: Immer kommt es auf die persönliche Aneignung an, denn »dich und dich allein geht's an«, »dass dies Kind Herr und Heiland ist« (Martin Luther).

Für die poetisch-theologische Disposition stellt sich nun eine ähnliche Frage wie beim ersten Teil des Oratoriums: Wo ist der dramaturgisch günstige Einschnitt zwischen *Erwartung und Erfüllung*? Beim ersten Teil entschieden Picander und Bach sich für den »letzten Moment«, direkt vor dem Bibelwort »und sie gebar«. Dies vollzog sich *innerhalb* des ersten Teiles. Nun muss aber ein Einschnitt gefunden werden, der den fünften vom sechsten Teil trennt. Das darf nicht zu spät geschehen, denn wenn der Stern schon im fünften Teil scheint, bliebe für den sechsten zu wenig Inhalt übrig. Denkbar wäre es gewesen, den Auftrag des Herodes »Ziehet hin und forschet fleißig …« noch in den fünften Teil zu nehmen. Aber das hätte zur Folge gehabt, dass Teil V mit der lügenhaften Anbetung des Herodes endet – ein Aspekt, der zur abschließenden Betrachtung kaum geeignet wäre.

Picander und Bach beenden den fünften Teil deshalb biblisch mit der berühnten Bethlehem-Weissagung »Und du, Bethlehem, im jüdischen Lande, …« Sie schließt mit der Verheißung »Denn aus dir soll mir kommen der Herzog, der über mein Volk Israel ein Herr sei.« Die *futurische Perspektive* ist an dieser Stelle eher hinderlich, weil sich dieses »Kommen« in der gesamten oratorischen Dramaturgie doch schon längst ereignet hat. Ein Schlusschoral wie »Davon ich allzeit fröhlich sei« aus Martin Luthers »Vom Himmel hoch, da komm ich her« hätte die Situation retten und glätten können.

Picander aber packt den Stier bei den Hörnern und macht die Frage nach dem »Wann?« – in barocker Sprache heißt es meistens »Wenn?« – zum Thema einer »Aria«, die Bach als *Terzett* (51) komponiert. Es geht hier um die Inszenierung des Glaubensaktes und um das Hören der Botschaft. Die drei aufeinanderfolgenden Aspekte heißen: ungläubiges Fragen nach dem »Wenn?«, der Einhalt gebietende Ruf »Schweigt! Er ist schon wirklich hier« und das innige Gebet »Jesu, ach, so komm zu mir!«, bei dem wir den Bibelvers »Amen, komm, Herr Jesus!« (Offb 22,20) sowie dessen berühmte Vertonung in Bachs früher Kantate »Gottes Zeit ist die allerbeste Zeit« (Actus tragicus) innerlich mithören dürfen.

Wie Picander und Bach den weihnachtlichen Glauben »inszenieren«

Allerdings hatte wohl bereits Picander im Sinn, dass bei dieser Aria mehrere Stimmen beteiligt werden müssen. Das »Schweigt!« verlöre seine Wirkung, wenn es nur Teil eines Selbstgesprächs wäre. Aus Gründen der Dramaturgie singen drei Stimmen. Sopran und Tenor fragen nach dem »Wenn?« des Kommens Jesu im Sinne des *»chronos«*: »Ach, wenn wird die Zeit erscheinen?« Und wie in einem zweigliedrigen Psalmvers variiert die zweite Zeile die erste: »Ach, wenn kömmt der Trost der Seinen?« Doch dann eine unerwartete Dramatik: Statt einer Antwort mischt sich das gebieterische »Schweigt« der Altstimme in das Duett von Sopran und Tenor. Die beiden stellen – unter dem Eindruck der Botschaft »Er ist schon wirklich hier!« – tatsächlich ihr Fragen ein und finden zu den gebethaften Worten »Jesu, ach, so komm zu mir!«. Gemeint ist damit wohl der *»kairos«* einer Begegnung im Sinne der persönlichen Aneignung. Sie kann nur erbeten werden. Weihnachten heißt: Jesus ist »ein für alle Mal« zur Welt gekommen, und er kommt immer wieder zur gläubigen Seele. Die prägnanteste Formulierung hierfür lesen wir bekanntlich im »Cherubinischen Wandersmann« (I,61) des schlesischen Mystikers Angelus Silesius (1624–1677): »Wär Christus tausendmal zu Bethlehem geborn / und nicht in dir: du bliebest ewiglich verlorn.«

Warum nur hier der Beschluss mit einer schlichten Choralstrophe?

Einzig den fünften Teil ihres Oratoriums beschließen Picander und Bach mit einer *schlichten Choralstrophe.* Der Grund mag darin liegen, dass dieser Teil nicht für einen Festtag bestimmt ist, sondern »nur« für einen Sonntag. Doch gerade dieser vierstimmige Choralsatz komplettiert das Spektrum der liedhaften Schlusssätze, das vom schlichten Choralsatz (V) über Choräle mit instrumentalen Zwischenspielen (I, II, IV) bis zu einem großen Instrumentalkonzert mit zeilenweise »eingebautem« Choral (VI) reicht.

Beim Wort *»Sonnen«* mögen einige der Hörerinnen und Hörer bei der ersten Aufführung dieses Teils in der Leipziger Nikolaikirche am 2. Januar 1735 vielleicht auch an ein Lied von Paul Gerhardt gedacht haben: »Ich steh an deiner Krippen hier« mit der Strophe »Ich lag in tiefster Todesnacht, du warest meine Sonne …« Damit hätte Picander eine gute Fährte gelegt, denn die nächste Choralstrophe, die erklingen wird (59), ist dann am 6. Januar die erste Strophe ebendieses Liedes. Die Worte »Ich steh an deiner Krippen hier« werden im sechsten Teil nach der Anbetung der Weisen erklingen. Für Teil V gilt, dass sein Schlusschoral diesen Teil abrundet, indem er zugleich zum letzten Teil des Oratoriums hinführt.

GEFAHR UND GEBORGENHEIT (TEIL VI)

Der sechste Teil des Weihnachtsoratoriums orientiert sich biblisch weiterhin am Matthäusevangelium und setzt die poetisch-musikalische Erzählung von den drei Weisen und von Herodes fort. Als biblische Grundlage dient nun die zweite Hälfte des Evangeliums »Am Fest der Offenbarung Christi«. So lautet auch die Überschrift im originalen Textdruck. Die inhaltliche Spannung, die nun entfacht wird, ist neu und mag zu denken geben, denn dieser Teil spricht, singt und spielt vom Höchsten und Tiefsten, von Gefahr und Geborgenheit im weihnachtlichen Glauben, ja sogar von *Himmel und Hölle*. Dass es von Anfang an unverhohlen um Feindschaft – »Herr, wenn die stolzen Feinde schnauben« – geht, wirkt als schroffer Kontrast zum »Fest des Friedens« mit der Engelsbotschaft »... und Friede auf Erden« (21), lässt sich jedoch aus etlichen biblischen und liturgischen Traditionen erklären.

Feinde sind bereits im Alten Testament ein Thema etwa der sogenannten »*Feindpsalmen*«. Und selbst die neutestamentliche Osterbotschaft wird als Auseinandersetzung feindlicher Mächte beschrieben, wenn wir an die liturgische *Ostersequenz* denken oder Martin Luthers Kirchenlied darüber mit der Zeile »Es war ein wunderlicher Krieg, da Tod und Leben rungen«. Die heute zunächst überraschende oder gar befremdliche Betonung der Feinde mag also die Hörerinnen und Hörer zum Nachdenken anregen.

Der »Auftritt« der Feinde kontrapunktiert die weihnachtliche Verheißung des Friedens.

Vor diesem weiteren Horizont gibt es aber zudem einen konkreten Sachverhalt, der die Feindthematik letztlich erklärt und der wiederum mit dem Aspekt des Parodierens zu tun hat. Höchstwahrscheinlich griffen Picander und Bach auch beim sechsten Teil des Werkes auf eine Vorlage zurück. Doch nicht nur einzelne Sätze sind daraus übernommen; vielmehr handelt sich um eine »*Parodie en bloc*«. Vom Eingangschor bis zum Schlusschoral dieses Teils ist alles parodiert, mit Ausnahme der weihnachtlichen Worte des Evangeliums und der Antwort darauf in Paul Gerhardts Choralstrophe »Ich steh an deiner Krippen hier«.

Was könnte die Vorlage gewesen sein? Obwohl jenes Werk leider verschollen ist, lässt sich Einiges dazu sagen: Weil beim Schlusssatz ein Choral mit der Melodie »O Haupt voll Blut und Wunden« im Spiel ist, muss es sich hier um eine *geistliche Kantate* gehandelt haben; weil die Besetzung recht opulent ist, war es wohl eine Festtagskantate; und weil Text wie Musik ein großes »Aggressionspotenzial« mit sich führen, müssen wir uns bei der näheren Bestimmung auf die Suche nach Evangelien machen, die genau das vorgeben. Hier denkt man, wie bereits angedeutet, zunächst an Ostern, aber auch an das Fest des kämpferischen Erzengels Michael, nach dem in Leipzig überdies die Michaelismesse benannt war. Alles deutet schließlich darauf hin, dass Bach eine verschollene *Michaeliskantate* des Jahres 1734 zum sechsten Teil des Weihnachtsoratoriums umgearbeitet hat. Das kann eher spontan und letztlich aus Zeitgründen erfolgt sein. Vielleicht war es aber auch eine längere Planung, zumal sich die rahmende Übereinstimmung der ersten mit der letzten Choralmelodie des Gesamtwerkes sonst kaum erklären ließe.

Neue Facette des Parodierens: vom Erzengel Michael zur Weihnachtsgeschichte

Man kann sich leicht vorstellen, dass Picander mit diesem Teil alle Hände voll zu tun hatte. Vor ihm liegt ein fertiges Werk mit großer Übereinstimmung von Wort und Ton, dessen Protagonisten – Michael und der Drache – er im neuen weihnachtlichen Kon-

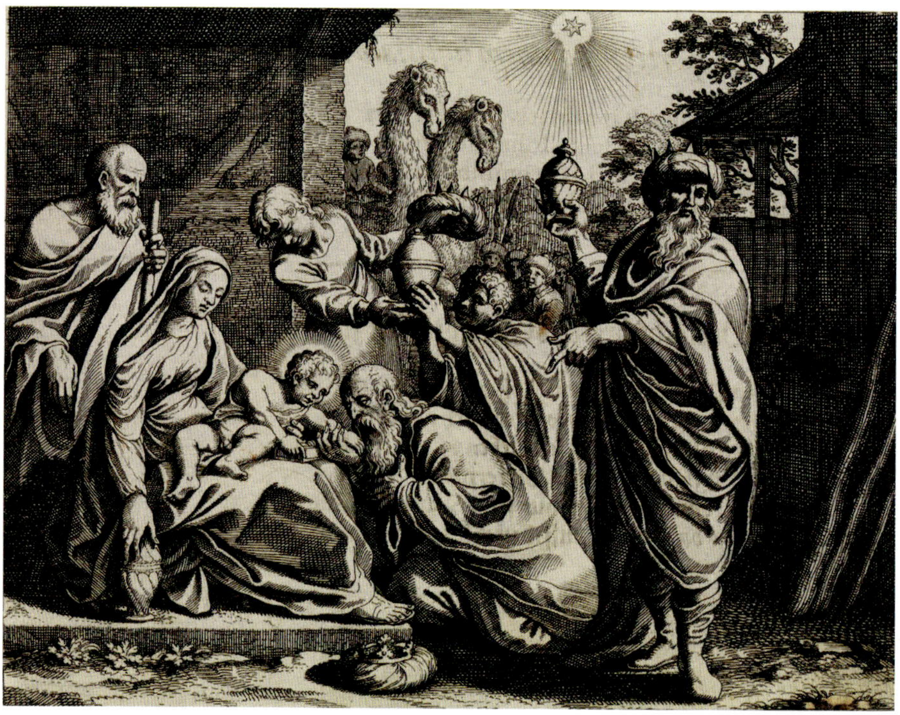

Anbetung der Könige in der Merian-Bibel. Eine solche Bibelausgabe war in J. S. Bachs Besitz (vgl. S. 57).

text keineswegs brauchen kann! Also bedarf es einer *weihnachtlichen Umtextierung*, die aber wiederum so nah an der Vorlage bleiben muss, dass deren Musik – sogar in den wortreichen Accompagnati! – nicht »ins Leere läuft«, sondern sich stimmig mit den neuen Worten etwa so gut verbindet wie mit den ursprünglichen. Auch Bach hätte vermutlich zugegeben, dass das ein »intricater«, ein vertrackter Auftrag war.

Der Wortlaut des *Eingangschors* verrät uns noch, wer wohl hinter den »stolzen Feinden« stand. Das war der Drache (erste Zeile) oder vielleicht sogar der Satan (letzte Zeile). »Lass nur den stolzen Drachen schnauben!« – so oder so ähnlich mag die erste Zeile am Michaelisfest 1734 gelautet haben. Die letzten Zeilen hießen vielleicht »So können wir den scharfen Klauen der Feinde unversehrt entgehn.«

Im Oratorium kommt es zu einer Art *weihnachtlicher Umbesetzung* der Rollen. Der Drache wird zu Herodes. Seine »Falschheit« ist das Thema im ersten Accompagnato. Aus dem »Original« stammt vermutlich das mehrfache Verb »stürzen«, denn es verweist auf den Engelsturz als Thema des Michaelisfestes. Michael initiiert den Sturz der abtrünnigen Engel, Herodes hingegen will Jesus stürzen. Nachdem das Accompagnato diese Geschichte erzählt hat, deren originale Michaelis-Fassung kaum noch rekonstruierbar ist, fokussiert die Arie ein wichtiges Moment daraus: Eine scheinbar kleine Ursache, nämlich Michaels »Wink von seinen Händen« (57) hat eine überaus große Wirkung: den »Sturz« der ungehorsamen Engel, die sich »bis an der Erde Enden« (vgl. Offb 12,9) zerstreuen. Hier versuchen wir nun – zumindest als poetische Andeutung und ohne Anspruch auf letztgültige Gewissheit – eine *Rekonstruktion* des Wortlauts, wie er ursprünglich ungefähr gelautet haben könnte:

Der Drache aus der Michaeliskantate wird zu Herodes.

Nur ein Wink von starken Händen
Stürzt ohnmächtger Feinde Macht.
So wird Satans Kraft verlacht!
Schickt der Himmel nur sein Wort

Gegen des Verführers Blenden,
Jaget er den Drachen fort,
Weit bis an der Erde Enden.

Auch im folgenden Rezitativ »So geht; genug, mein Schatz geht nicht von mir« schimmern »zwischen den Zeilen« wohl noch Motive der Vorlage durch. Man ist nun an ein anderes Thema des Michaelisfestes erinnert, wie es in einer berühmten Arie Bachs zu hören ist: »Bleibt, ihr Engel, bleibt bei mir«. Im biblischen Hintergrund steht Psalm 91,11f.: »Denn er hat seinen Engeln befohlen, dass sie dich behüten auf allen deinen Wegen, dass sie dich auf den Händen tragen und du deinen Fuß nicht an einen Stein stoßest.«

Vielleicht ging es in der Michaeliskantate hier ausschließlich um das *»Bleiben«* der Engel. Picander überträgt das stimmig auf das Bleiben Jesu, wobei er sich wiederum als virtuoser Librettist erweist. Er beginnt nämlich nicht einfach mit dem Thema des Bleibens, sondern greift zunächst das »Gehen« der Weisen aus dem Matthäusevangelium geschickt auf. Sie »zogen durch einen anderen Weg wieder in ihr Land«. Deshalb entlässt Picander sie auch aus dem Oratorium mit der Aufforderung »So geht!«. Dann folgt wieder der Rollentausch, bei dem wir auf Vermutungen angewiesen sind. Am wahrscheinlichsten ist, dass aus dem Schutzengel schlichtweg Jesus geworden ist. Freilich war jener Engel kaum mit dem Wort »Bräutigam« tituliert, aber das könnte im Original ja »Engelsheer« oder »Schutzpanier« gelautet haben ...

Der *Schlusschoral* ist das festliche Finale des sechsten Teils und des Gesamtwerkes. Dass er ausgerechnet die Melodie des ersten Chorals (»Wie soll ich dich empfangen?«) aufgreift, war wohl eine gemeinsame Idee von Picander und Bach. Die musikalische Ausarbeitung der beiden Sätze könnte jedoch gegensätzlicher kaum sein, was gewiss auf Bach zurückgeht: ein typisch vokaler und höchst empfindsamer Choralsatz im ersten Teil, ein hochvirtuoses Instrumentalkonzert mit »eingebauter« vierstimmiger Liedstrophe im letzten. Picanders Beitrag war es vermutlich, im Gesangbuch unter all den Liedern, die auf diese bekannte Melodie gesungen werden können, eine Strophe ausfindig zu machen, die nicht nur dafür geeignet ist, die Feindthematik des letzten Teils abzuschließen, sondern die auch mit einem weihnachtlichen Akzent den stimmigen Schlusspunkt unter das gesamte Oratorium zu setzen vermag.

Diese Strophe findet Picander im Weihnachtslied *»Ihr Christen auserkoren«* von Georg Werner aus dem Jahr 1642, das wohl meistens auf die Melodie »Valet will ich dir geben« gesungen wurde. Die erste Funktion der Anknüpfung an die Feindthematik leistet der Beginn »Nun seid ihr wohl gerochen an eurer Feinde Schar«. Doch auch das *weihnachtliche Fazit* kommt nicht zu kurz. Es lautet »Bei Gott hat seine Stelle das menschliche Geschlecht.« Und klingt mit dem Stichwort »Geschlecht« (vgl. Apg 17,28) nicht auch wie von weitem der Beginn des Oratoriums an: »… dass er aus dem Hause und Geschlechte Davids war«?

Das konträre Motiv schwach-stark, das wir beim Apostel Paulus antreffen, ist uns ja in der Variation arm-reich bereits begegnet. Das Verhältnis von Gott und Mensch ist der »Cantus firmus« des gesamten Oratoriums. Um Gott und die Menschen geht es, wobei der Gott-Mensch Jesus Christus als »wahrer Gott und wahrer Mensch« im Mittelpunkt steht. In Johannes 14,2 sagt er: »Ich gehe hin, euch die Stätte *(Stelle)* zu bereiten«. Das bezieht sich auf sein Wiederkommen, was in den direkt folgenden Worten deutlich wird: »Und wenn ich hingehe, euch die Stätte zu bereiten, will ich wiederkommen und euch zu mir nehmen, auf dass auch ihr seid, wo ich bin.«

Indem das Weihnachtsoratorium von Picander und Bach mit dieser Zeile »bei Gott hat seine Stelle das menschliche Geschlecht« schließt, öffnet es die weihnachtliche Thematik vom zeitlichen Kommen Jesu hin zu seiner *endzeitlichen Wiederkunft*. Rückblickend wird deutlich, dass das Libretto Jesu Geburt in Raum und Zeit auf zweifache Weise höchst stimmig ergänzt. Immer wieder schlägt es die Brücke von der Geburt in Bethlehem zur Gottesgeburt in der Menschenseele, von der viele Mystiker sprechen und singen. Ganz am Ende klingt als Weiterführung des ersten weihnachtlichen Kommens Jesu nun sein letztes Kommen am Ende aller Zeiten zumindest an. Was an Weihnachten beginnt und immer wieder unweihnachtlich zerstört wird, gilt erst dann *»ganz und gar«*. Dass Bachs Musik hier durchaus apokalyptischen Klangwelten verpflichtet ist, wie sie für seine Michaeliskantaten typisch sind, gibt nun auch dem zweiten, dem weihnachtlichen Text das passende musikalische Gewand – und dem gesamten Oratorium letztlich ein fulminantes »choral-sinfonisches« Finale in Wort und Klang.

ANMERKUNGEN

1 »Das allerhöchste Brimborium«. Gespräch mit Martin Walser über sein Verhältnis zu Gott und die Kraft der Sünde. In: Der Spiegel. Das deutsche Nachrichten-Magazin, 66. Jg. (2012), Heft 52, S. 136.

2 Vgl. Jochen Kaiser u. a.: Das Weihnachtsoratorium von Johann Sebastian Bach. Eine empirische Studie zum ästhetischen Erleben dieser Musik in der Weihnachtszeit 2015/16. Mainz 2016, S. 16. Internetveröffentlichung: Schott Campus, urn:nbn:de:101:1-201604063172; abgerufen am 14. 3. 2020.

3 Vgl. Peter Sloterdijk: Den Himmel zum Sprechen bringen. Elemente der Theopoesie. Frankfurt a. M. 2020.

4 Zeitschrift Urania, 1. Jg. (1844), Nr. 2, S. 30; zit. nach Meinrad Walter (Hg.): J. S. Bach. Matthäus-Passion. Stuttgart 2020 (Reihe Wort // Werk // Wirkung), S. 119.

5 Vgl. Meinrad Walter: Johann Sebastian Bach und die Bibel. In: Ders: »Erschallet, ihr Lieder, erklinget, ihr Saiten!« J. S. Bachs musikalische Bibelauslegung im Kirchenjahr. Stuttgart 2014 (Reihe bibel&musik), S. 9–21.

6 Zit. nach Meinrad Walter: Johann Sebastian Bach. Weihnachtsoratorium. Kassel u. a. 4. Aufl. 2019 (Reihe Bärenreiter-Werkeinführungen), S. 58; einige Gedanken aus diesem Buch sowie die Skizze zum Gesamtwerk (im vorliegenden Band S. 62 f.) fließen in das Kapitel »Vom Evangelium zum Oratorium« ein.

7 Vgl. den Kritischen Bericht zur Neuen Bach-Ausgabe, S. 197–199, sowie das Vorwort von Klaus Hofmann zu seiner Ausgabe (Carus-Verlag), S. V, und Alfred Dürrs Werkeinführung, S. 45.

8 Zu Person und Werk vgl. Reiner Marquard: Das Lamm in Tigerklauen. Christian Friedrich Henrici alias Picander und das Libretto der Matthäus-Passion von Johann Sebastian Bach. Freiburg 2017.

9 Stephan Wahle: Die stillste Nacht. Das Fest der Geburt Jesu von den Anfängen bis heute. Freiburg i. Br. 2018, S. 12ff; vgl. Marlies Gielen: Geburt und Kindheit Jesu. Biblische und außerbiblische Erzählungen. Stuttgart 2008, S. 15.

10 Vgl. hierzu Reiner Marquards biblisch-theologische Erschließung des Librettos der Bach'schen Matthäus-Passion in: Meinrad Walter (Hg.): J. S. Bach. Matthäus-Passion. Stuttgart 2020 (Reihe Wort // Werk // Wirkung), S. 58f.

11 Thomas Mann: Doktor Faustus. Das Leben des deutschen Tonsetzers Adrian Leverkühn erzählt von einem Freunde. Roman (1947). Frankfurt a. M. 1981, S. 650 (Kap. XLVI).

12 Christian Friedrich Hunold (Menantes): Die Allerneueste Art, zur reinen und galanten Poesie zu gelangen, Hamburg 1707, Kapitel XVI »Von Oratorien«, S. 257.

13 Gabriel Wimmer: Ausführliche Lieder-Erklärung. Vier Teile. Altenburg 1749. Band 1, S. 102.

»Das vergisst sich nicht«

ZUR WIRKUNG DES WEIHNACHTS-ORATORIUMS

Johann Sebastian Bachs Weihnachtsoratorium ist sicherlich sein populärstes geistliches Vokalwerk. Auch wenn die »Wiederentdeckung« im 19. Jahrhundert weniger spektakulär ausfiel und mit der Berliner Erstaufführung 1857 knapp dreißig Jahre später stattfand als die Wiederaufführung der Matthäus-Passion durch Felix Mendelssohn Bartholdy, ist das Oratorium ebenso ein Gipfelwerk der Musikgeschichte wie die berühmte Passion. Es hat vielen Menschen unvergessliche Erlebnisse beschert, die in Reflexionen, Erinnerungen, journalistischen wie theologischen Texten beschrieben werden. Dies zeigt, wie gerade dieses Werk einen festen Platz im Leben vieler Menschen hat. Aus ganz verschiedenen Perspektiven und mit unterschiedlichen Begründungen teilen sie die pointierte Meinung des Hamburger »Ensemble Resonanz« (vgl. S. 134 f.), dass »Weihnachten ohne WO nur die halbe Wahrheit ist«.

Bis heute regt Bachs Weihnachtsoratorium Musikwissenschaftler, Theologen, musikalische Interpreten, Schriftsteller und Intellektuelle zu vielschichtigen Diskussionen, Deutungen und Diskursen an, die hier so repräsentativ wie möglich eine Darstellung

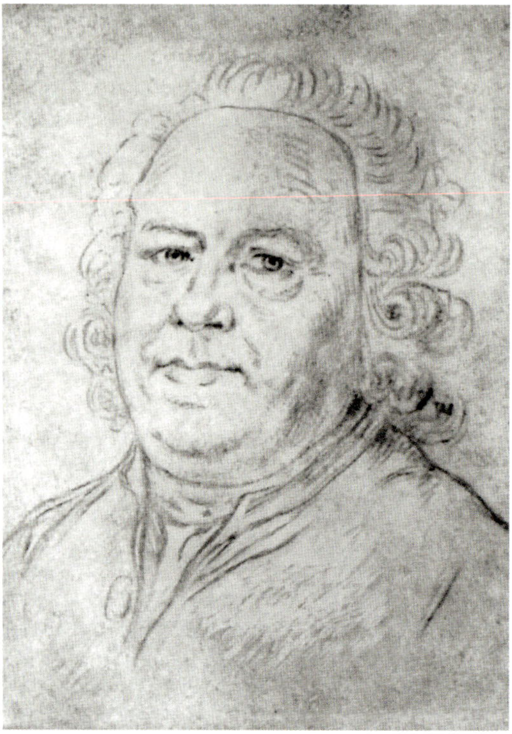

J. S. Bach etwa in den 1730er Jahren: Silberstiftzeichnung mit ungewisser Echtheit, ohne Autor und Datierung

finden sollen. Diese Skizze zur Wirkungsgeschichte gleicht einem Kaleidoskop aus persönlichen Erfahrungsberichten, Gedanken zur Aufführung, sogar zu Bearbeitungen des Werks sowie Bewertungen seiner inneren Stimmung und seines musikalischen Stils. Zur Sprache kommen weiterhin der Zusammenhang zwischen Weihnachten und Passion sowie das für dieses Oratorium zentrale Parodieverfahren (vgl. S. 20 ff.), das Kritik wie Zustimmung erfahren hat. Auch das Symbolhafte von Bachs Musik, sei es in der bedeutungsvollen Wahl bestimmter vokaler Stimmlagen und Instrumente oder in der besonderen Tonsprache einzelner Stücke, bildet ein fruchtbares Feld für Theorien und Erklärungsversuche. Und schließlich sind es die Choräle, die das Weihnachtsoratorium noch »weihnachtlicher« machen. Über sie ist ebenfalls einiges gedacht und geschrieben worden.

Die Überschrift zu diesem Kapitel stammt aus der ersten Begegnung des Schriftstellers und Pfarrers Albrecht Goes mit Bachs Weihnachtsoratorium, die er in dem Büchlein »Große Musik zum erstenmal« beschreibt. Sie kann als innere Programmatik der vorliegenden Darstellung angesehen werden, in der es um die verschiedenartigsten Begegnungen mit einem unvergesslichen Meisterwerk gehen soll.

BEGEGNUNGEN MIT DEM WERK IN PERSÖNLICHEN »TONARTEN«

Für viele sind Erlebnisse mit Bachs Weihnachtsoratorium unvergessliche Momente in der eigenen Biografie, lebenslang ins Gedächtnis eingeschrieben. In seiner Textsammlung *Plankton* zählt der Schriftsteller Walter Kempowski das prägende Kindheitserlebnis eines anonymen Soziologen bei einer Aufführung des Weihnachtsoratoriums in der Leipziger Thomaskirche sogar zum kollektiven Gedächtnis der Menschheit.

Die Aktualität der Musik Bachs als »Rettungsanker« im Seelenleben

Ob das Werk nun zu einer Art Schlüssel in der Bewältigung eines persönlichen Verlusts wird, wie in den Erinnerungen des Dirigenten Peter Gülke, oder sogar beim Schriftsteller Arnold Zweig im Bachjahr 1950 als Konstante deutscher Geschichte – mit »völkischen« Untertönen sowie der fast »prophetischen« Voraussage der deutschen Einheit: Stets bildet Bachs Komposition eine Art »Rettungsanker« und Fixpunkt im menschlichen Seelenleben und behauptet damit eine Aktualität durch alle Zeiten.

In den Erinnerungen von Gertrud Wedell an Weihnachten im Deutschland des Jahres 1938 wird einem diese Aktualität schmerzhaft bewusst; berichtet sie doch von einer improvisierten Hausmusik mit Bachs Weihnachtsoratorium, nachdem kurz zuvor die konzertante Aufführung in der Düsseldorfer Tonhalle verboten worden war. Dass die Aktualität von Bachs Meisterwerk eine eigene Dynamik und nichts Museales in sich trägt, unterstreicht der Theologe Johann Hinrich Claussen mit der Beobachtung, dass jedes erneute Hören ihn mit einem anderen Wort oder einer anderen Wendung konfrontiert und so zum Nachdenken anregt.

Eine routinehafte Regelmäßigkeit von »Jauchzet, frohlocket!« zur Weihnachtszeit kann allerdings zu einer ähnlichen Übersättigung führen wie ein Zuviel des obligatorischen Weihnachtsbratens. Deshalb plädiert Carola Moosbach, Autorin poetischer Kommentare zu sämtlichen Bach-Kantaten, gewitzt für ein gelegentliches »Oratoriumsfasten«, um das Werk wieder frisch hören zu können. Wird nämlich Bachs Musik wie ein repräsentativer Museumsgegenstand behandelt, dann liegt dem meist ein oberflächliches Motiv zugrunde, wie der Komponist und Musikkritiker Hugo Wolf in einer beißenden Satire auf das Konzertpublikum seiner Zeit schreibt. Wolf distanziert sich von all jenen, die sich im Jahr 1884 einer grassierenden Bach-Schwärmerei anschließen, nur um sich so als Bildungsbürger inszenieren zu können, denen jedoch vor einem tieferen Eindringen in die Materie graut. Damit wird selbst die Ablehnung eines »populären Bach« zum Beweis für die zeitlose Lebendigkeit seines Weihnachtsoratoriums.

ANONYM (*1956)

Soziologe

Musik | Ich hab' Musik studiert, das heißt, ich hab' damit angefangen. Als Fünfjähriger habe ich in der Thomaskirche in Leipzig – ungeheizt – das Weihnachtsoratorium von Bach gehört. Oma saß neben mir und las in der Partitur, und da schlug sie denn ab und zu vor und wieder zurück.

> Bach! Für mich gab's nur Bach. Und heute noch.
> Musik ist das ganz andere.

Walter Kempowski, *Plankton*, © 2014 Albrecht Knaus Verlag, München, in der Verlagsgruppe Random House GmbH.

JULIEN GREEN (1900–1998)

Französischer Schriftsteller und berühmter Tagebuchschreiber

Gestern Abend [am 24. Dezember 1997] das Weihnachtsoratorium von Bach gehört. Ich habe immer gesagt, dass die Musik für mich etwas Deutsches ist und Bach die Quelle dieses Flusses. Ich kenne nichts Religiöseres, ausgenommen die lateinischen Hymnen. Und ich füge noch Luthers Choräle hinzu, manche so wuchtig wie Festungen, über denen Wimpel mit dem Namen Christi flattern.

Julien Green: *Tagebücher 1996–1998*. Mit einem Vorwort von Jean-Eric Green. Aus dem Französischen von Elisabeth Edl. München 2000, List Verlag / Edition Fayard S. 308f.

PETER GÜLKE (*1934)

Dirigent und Musikwissenschaftler

Als der Sarg in die Versenkung fuhr, stand sie steif und starr, fast als einzige trockenen Auges inmitten einer Menge, die auf sie blickte oder in Tränen schwamm; ihre Kinder, die um sie standen, spürten, dass sie ihnen Aufwallungen und teilnehmende Gesten verwies. So blieb sie monatelang, ging wortlos an ihre Arbeit und war auf so distanzierte Art freundlich, dass das Kondolenz-Ritual schnell abflaute und Zudringlichen die teilnahmsvollen Sprüche vergingen. Wenn sie von dem Toten redete, dann allgemein, fast belanglos, zuweilen – er war ein melancholischer Humorist gewesen – rekapitulierte sie seine Späße. Manchmal ließ sie sich im Theater oder in Konzerten sehen, seltener in der Kirche; so betrog sie die Stadt, in der viele sie kannten, um die Genugtuung, eine fassungslos trauernde Witwe zu erleben.

An einem Adventsabend schaltete eins der Kinder am Radio in den Anfang des *Weihnachtsoratoriums* hinein: Da brachen alle Dämme, da weinte sie fassungslos. Sie muss den Jubel, das »Jauchzet, frohlocket« an sich vorbeiklingen gefühlt, muss entdeckt haben, dass sie neben ihrer neuen Einsamkeit eine andere, falsche zu verschulden im Begriffe war. So scheinbar nüchtern sie ihr Leben neu ordnete, so wenig hatte sie bisher zu verarbeiten begonnen, dass ein Teil dieses Lebens zuende war und aus der für sie wichtigsten Richtung, in die sie gewohnheitsmäßig viele Signale sandte, keine Antwort kam. Bisher war der Tote nur nicht da, sein Stuhl am Familientisch noch freigehalten. Nun, da Bachs Musik ihr den Riss zwischen den beiden Existenzen ausgeleuchtet hatte, nun begriff sie, dass jene Antworten nie mehr kommen würden, nun begann der Tote wirklich tot zu sein. [...] Fortan sprach sie öfter von ihm und nicht mehr so, als könne er gleich ins Zimmer treten; auch weinte sie manchmal, am ehesten, wenn sie allein war; und sie hatte keine Angst mehr, sich wie früher in Musik zu verlieren und zu finden.

Beim Hören des Weihnachtsoratoriums »brachen alle Dämme«.

Peter Gülke: *Fluchtpunkt Musik. Reflexionen eines Dirigenten zwischen Ost und West.* BVK 1198, Seite 37,

ARNOLD ZWEIG (1887–1968)

Schriftsteller, Präsident der Deutschen Akademie der Künste

Bachs aus Erz gegossene Kraft ließ mir keine Ruhe; das Weihnachtsoratorium trat hinzu, die h-moll Messe, die Johannes-Passion, die Kunst der Fuge. [...] Der Blick auf Shakespeare und auf Goethe wandelt sich, die Dichtung Homers und der Bibel zerfällt in das Werk vieler Verfasser und Perioden. Der Tonschöpfer Johann Sebastian Bach aber hat seine Wurzeln im tiefen Erdreich der Volkssubstanz und hebt seine Krone empor zu den großen Sternen, deren Leuchtkraft er zuinnerst verwandt ist: Geist vom Geiste, Leidenschaft des Miterlebens aus dem menschlichsten Urquell und ein Können als Künstler, das sich unaufhörlich erweitert, immer strenger wird und gleichzeitig immer neuer und frischer. [...] Aufgestiegen aus der Hölle des Dreißigjährigen Krieges, hat diese Kunst immer ärgere und grausigere Höllen überdauert. Mit ihr überwand die Substanz des deutschen Volkes, des schöpferischen Menschen überhaupt, die Pest-Epidemien von Wallenstein bis Hitler, von Tilly bis Himmler, von Richelieu bis Truman, und das Gestirn Johann Sebastian Bach wird noch leuchten, wenn Deutschlands Einheit wieder aus der Verdunkelung in die Helle der Realität getreten ist, um Heinrich Manns prophetische Worte am Ende noch anklingen zu lassen.

Bachs Kunst: streng, neu und frisch

Arnold Zweig. In: *Festgabe zur Deutschen Bachfeier Leipzig 1950 anlässlich der 200. Wiederkehr des Todestages von Johann Sebastian Bach.* Verlag C. F. Peters, Leipzig 1950 [ohne Seitenzählung]. Abdruck mit freundlicher Genehmigung des Verlages.

ALBRECHT GOES (1908–2000)

Protestantischer Theologe und Schriftsteller

Große Musik zum erstenmal: Das ist, wir wissen es alle, ein unvergesslicher Eindruck. Leben vergisst vieles und muss ja auch vieles vergessen, um sich Platz zu schaffen für neue Erfahrungen; aber das erste Weihnachtsoratorium oder die Zauberflöte zum erstenmal – das vergisst sich nicht, es wäre schlimm, wenn es nicht so wäre.

Und zwar behält man – das ist meine Erfahrung – nicht so ganz sicher die Zeit, Tag und Jahr; wohl aber den Ort, da es sich ereignete: man sieht den hellen Festsaal der Berliner Singakademie und, umschlossen vom ersten »Jauchzet, frohlocket, auf, preiset die Tage!«, den Buben in seiner weißen Matrosenjacke, sich selbst [...].

Albrecht Goes: Große Musik zum erstenmal, in: Ders.: *Stunden mit Bach*. Luther-Verlag, Bielefeld 1959, S. 27.

GERTRUD WEDELL (1895–1979)

Cousine von Dietrich Bonhoeffer und Gattin des Rechtsanwalts und protestantischen Pfarrers Hans Wedell

Auf dem Heimweg ging ich in das Musikgeschäft, um Karten für das Weihnachtsoratorium zu besorgen, das in der Tonhalle stattfinden sollte. Das Fräulein sagte: »Es ist abgesagt.« »Wie«, meinte ich, »warum?« »Oh«, antwortete sie, »man hat nicht gewusst, dass so viele Choräle und Weihnachtslieder darin vorkommen.« Ich setzte mich auf einen Stuhl: Wo sollte das alles hinführen? »Ja«, sagte sie, »das ist noch gar nichts. Im vorigen Jahr feierte ich Weihnachten bei meinem Bruder. Da standen dessen drei Kinder vor dem Weihnachtsbaum mit hochgehobenem Arm und sprachen: Wir danken unserem Führer, der uns das Weihnachtsfest beschert hat!« Mir lief es kalt über den Rücken. Unser armes Deutschland! Wo geriet es hin auf diesem Weg des Irreleitens? [...]

Am Weihnachtsmorgen gingen wir früh zur Kirche, und nie habe ich vergessen, in welch unerschrockener Weise unser lieber Pastor Homann Gottes Wort in die Herzen der Zuhörer hineinsenkte. Als er am späteren Morgen kam und eine brennende Kerze mit einem Tannenzweig brachte, [...] da wurde ausgemacht, dass er am Nachmittag mit seiner Frau und seinem Sohn Rudolf zu uns kommen würde, so dass wir das Weihnachtsoratorium von Bach bei uns singen und spielen würden. Das war sein lieber Gedanke, um uns über die kommenden Abschiedsstunden von Karl besser hinwegzubringen, bis Pimpernell kommen und ihn abholen würde. Der Flügel stand im Gartenteil des Esszimmers. Ruth Bené sagte zu, mit ihrer Geige zu kommen. Renate, Ursel und Eberhard würden Flöte spielen, Till die Ziehharmonika und Kläuschen Triangel. Tante Margarete aus Krefeld kam auch dazu. Punkt drei Uhr wurde angefangen. Karl setzte sich an den Flügel und spielte den Eingang zum Oratorium, und dann setzten die Geige und alle Instrumente ein. Wir sangen die Choräle und Lieder mit der ganzen Inbrunst unserer noch zagenden Herzen. Dazwischen las Pastor Homann die Worte des Evangeliums, und so griff eins ins andere, und eine tiefe Seligkeit erfüllte die Kinder und uns. Als ich draußen die Haustüre klingeln hörte, stand Tante Margarete tief verschneit im Hauseingang, und als sie die letzten Töne von dem Erscheinen des Engels hörte, fiel sie mit ihrer vollen, warmen Altstimme noch draußen im Flur ein: »Vom Himmel hoch, da komm ich her, ich bring euch gute neue Mär, der guten Mär bring ich so viel, davon ich singen und sagen will.« Das war einfach wunderbar und ist unvergessen geblieben. Und immer weiter ging es, alles griff ineinander und durchflutete mächtig dies herrliche Werk. Es stärkte unsere Herzen und Sinne mit der Kraft der Hoffnung und der Liebe, die ausströmte.

Häuslicher Gesang »mit der ganzen Inbrunst unserer noch zagenden Herzen«

Hans und Gertrud Wedell: *Vom Segen des Glaubens. Aufzeichnungen über das Leben und Wirken von Gertrud und Hans Wedell.* Bearbeitet und ergänzt von Renate Rocholl und Eberhard George Wedell. Hg. durch das Archiv der Evangelischen Kirche im Rheinland von Dietrich Meyer. Düsseldorf, 1995, S. 84f. und 87.

JOHANN HINRICH CLAUSSEN (*1964)

Protestantischer Theologe und Autor

An Bachs Weihnachtsoratorium ist auch der Umstand so schön, dass man bei jedem erneuten Hören über ein Wort stolpern kann, einen seltsamen Begriff, eine merkwürdige Wendung. So bereitet dieses Stück nicht nur Hörgenuss, sondern auch vielfältige Anlässe zum Nachdenken – gerade denen, für die das Hören des Werkes zum Dezember-Ritual geworden ist. Lächeln kann man über manche missverständlich-unbeholfenen Verse wie das notorische »Nun seid ihr wohl gerochen« im Schlusschoral.

Über andere Verse kann man durchaus ins Sinnieren geraten. Zum Beispiel über diesen aus dem ersten Chorstück der dritten Kantate: »Weil unsre Wohlfahrt befestiget steht!« Was ist damit nur gemeint? »Herrscher des Himmels, erhöre das Lallen, / lass dir die matten Gesänge gefallen, / wenn dich dein Zion mit Psalmen erhöht! / Höre der Herzen frohlockendes Preisen, / wenn wir dir itzo die Ehrfurcht erweisen, / weil unsre Wohlfahrt befestiget steht!«

Unter Wohlfahrt versteht man heute die moderne, massenhafte, staatlich gelenkte Fürsorge, etwas sehr Sinnvolles also, nur hat es mit Weihnachten nichts zu tun. [...] Wohlfahrt meint das Weihnachtsglück im reinsten Sinne: die schlichte Freude über die bloße Tatsache, dass Jesus geboren ist. Es ist fast beschämend zu hören, dass man sich einfach nur so über Weihnachten freuen kann. Ohne Tannenbaum, Krippe, Gänsebraten und Geschenke. Ohne jeden Wohlstand. Einfach so, weil eben Jesus geboren ist. Dies soll die volle Freude sein, das große Glück, die befestigte Wohlfahrt. Das ist alles, was es an Weihnachten zu feiern gibt. Das ist natürlich nicht alles. Denn zu diesem Glaubensglück kommt die Glaubenskunst hinzu, die diesem Glück Ausdruck verleiht – die Glaubenskunst von Bachs Weihnachtsoratorium.

Unsere »Wohlfahrt« als die schlichte Freude darüber, »das Jesus geboren ist«

Johann Hinrich Claussen: Befestigte Wohlfahrt. Freudestrahlende Musik mit kryptischem Text, in: *Zeitzeichen: Evangelische Kommentare zu Religion und Gesellschaft*, 12/2015, S. 30.

HUGO WOLF (1860–1903)

Österreichischer Komponist und scharfzüngiger Musikkritiker

Unlängst in einer recht unfreundlichen Nacht gewahrte ich vor einer Annoncensäule einen Unbekannten, der beim Scheine einer Gaslaterne eifrig bemüht war, das Programm der Philharmoniker zu entziffern. Ich trete ein wenig näher und vernehme nun einen bald leise, bald heftiger geführten Monolog, der

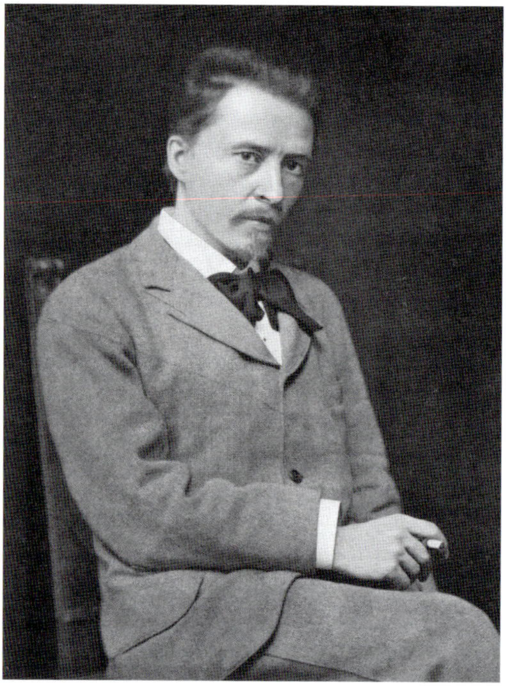

Hugo Wolf (1902)

mir so viel Richtiges zu enthalten schien, dass ich, auf meiner Stube angelangt, denselben notierte […].

Ach Bach! (Hier ahmte er höhnisch die Verzückung des Publikums nach), ach Bach! Ja freilich, – das ist Musik! – Alles Granit, Erz! Überall Tiefe, Urwüchsigkeit, Größe, Hoheit, Genie! (im natürlichen Ton). Meiner Treu! Ich glaube, dass das philharmonische Publikum lieber in die pontinischen Sümpfe hüpfen als Kompositionen dieses gepriesenen Meisters anhören möchte, würden dieselben nicht das Programm der Philharmoniker zieren. Aber was tut man nicht der Mode zu Liebe! Bach ist beim philharmonischen Publikum zur fashion geworden, und es gehört zum guten Ton, sämtliche Bachschen Kantaten auf den Fingern herzuzählen und mitten in einem Mendelssohnschen Lied ohne Worte plötzlich auszurufen: Sehr schön, sehr nett, reizend, aber warum spielen sie nicht die Matthäus-, Johannes-Passion, das Weihnachts-Oratorium, das Wohltemperierte Klavier? »Ich spiele Ihnen das Italienische Konzert vor.« Das ist nichts, man spielt die h-Moll-Messe, auswendig oder mindestens aus der Partitur. – Donnerwetter! Der Mensch ist gebildet. – – Naive Seele. – Glaub's nicht. Spiele ruhig Deine Mendelssohnschen Lieder ohne Worte, denn schon bangt es Deinem Bach-Enthusiasten, Du könntest unversehens doch so ein Dutzend Bachsche Kantaten aufs Pult legen. Er würde ebenso gern Vitriol schlucken, als so eine Kantate zu Ende hören.

Hugo Wolf: Ein Monolog (1884), zit. nach Eckard Kleßmann (Hrsg.), *Über Bach. Von Musikern, Dichtern und Liebhabern.* Stuttgart 1992, S. 137f.

CAROLA MOOSBACH (*1957)

Schriftstellerin und Juristin

Vor dem Weihnachtsoratorium habe ich mich jahrelang gefürchtet. Ich schrieb an meinen »poetischen Kommentaren« zu Bachs geistlichen Kantaten und hatte mir vorgenommen, jede dieser knapp zweihundert Kantaten mit einem Gedicht zu beantworten. Auch die sechs Kantaten des Weihnachtsoratoriums waren also irgendwann zu berücksichtigen. Wie aber die Lebkuchenpatina und die für meine Ohren allzu satte Blechbläserherrlichkeit dieses Werks loswerden und dem bis zum Überdruss Vertrauten noch einmal frisch begegnen?

Zunächst einmal legte ich mir eine strikte, mehrjährige Abstinenz auf und kann diese Vorgehensweise nur empfehlen. [...] Um den Brocken weiter zu verflüssigen, um Worte und Musik wieder zum Tanzen zu bringen, nahm ich als nächstes Abschied von der allzu pastosen Aufnahme mit Karl Richter und dem Münchner Bach-Chor aus dem vorigen Jahrhundert und legte mir eine deutlich frischere und belebtere Interpretation in der Lesart der historischen Aufführungspraxis zu. Und siehe da, das Werk stand nun nicht mehr wie in Stein gemeißelt vor mir, das allzu Schwerfällige und Weihevolle war einer tänzerisch-beschwingten Freude gewichen. Zu meiner eigenen Überraschung waren es dann aber vor allem die eher nach innen gewendeten Arien, die mich nun am meisten bewegten und inspirierten. Allen voran die intime, fast träumerische Altarie »Schließe, mein Herze« aus der dritten Kantate, in der ich Marias Stimme ebenso höre wie in dem vielschichtigen Terzett »Ach, wenn wird die Zeit erscheinen?« von Sopran, Alt und Tenor im fünften Teil. Wieder ist es Maria, die den endlosen, ungeduldigen Fragen der anderen mit einer klaren inneren Gewissheit begegnet: Das Neue hat bereits begonnen. Auch wenn wir es im Weihnachtsoratorium nach fast dreihundert Jahren vielleicht erst wieder entdecken müssen.

Eine Frage der Aufführungspraxis: Bachs Musik »wie in Stein gemeißelt« oder tänzerisch-beschwingt?

Carola Moosbach: Verflüssigter Brocken. Plädoyer für gelegentliches Oratoriumsfasten, in: *Zeitzeichen. Evangelische Kommentare zu Religion und Gesellschaft*, 12/2015, S. 30.

VON AUFFÜHRUNGEN UND BEARBEITUNGEN

Berlin ist das Zentrum der Bach-Renaissance im 19. Jahrhundert. Hier kommt es am 11. März 1829 zur legendären Wiederaufführung der Matthäus-Passion unter der Leitung von Felix Mendelssohn Bartholdy, und hier wird in der Singakademie am 17. Dezember 1857 auch das Weihnachtsoratorium ins Konzertleben zurückgeholt. Die ersten beiden Teile waren schon 1844 in Breslau erklungen, wovon der Dirigent Theodor Mosewius berichtet. Bemerkenswert ist, wie der Berliner Zeitungsrezensent nach nur einmaligem Hören sogleich die zentralen Eigenschaften des Werks nennt und bewertet: die eigentlich erforderliche mehrtägige Aufführung, das Ineinander von Weihnachten und Passion, die zentrale Rolle der Choräle und das Volkstümlich-Populäre des musikalischen Stils. Auf uns Heutige wirkt es jedoch merkwürdig, wenn Bachs Orchesterbehandlung mit der von Haydn, Mozart und Beethoven verglichen und ein gewisser Mangel konstatiert wird – als hätte Bach schon über dieselben aufführungspraktischen Voraussetzungen wie die drei Klassiker verfügen können.

Johannes Brahms dirigiert das Werk in Wien …

Sieben Jahre später schreibt Johannes Brahms an Clara Schumann von seiner eigenen Aufführung des Weihnachtsoratoriums: in der Karwoche 1864! Brahms vermutet eine teilweise ablehnende Haltung des berühmten und einflussreichen Kritikers Eduard Hanslick gegenüber dem Oratorium, was sich in dessen Rezension auch bestätigen sollte. Drei Jahre zuvor, im Januar 1861, teilt der sechzehnjährige Friedrich Nietzsche seinen Naumburger Brieffreunden Gustav Krug und Wilhelm Pinder mit, wie er sich sein eigenes Weihnachtsoratorium vorstellt, wobei er zugleich kühn Verbesserungsvorschläge für Bachs Werk macht, die in Richtung eines Melodrams gehen. Seine Grundsatzkritik an Bach veranlasst Nietzsche, ein eigenes Weihnachtsoratorium zu komponieren, für das sich in seinem Nachlass zahlreiche Entwürfe und Skizzen finden, die zwischen Oktober 1860 und Sommer 1861 entstanden sind. Fertig gestellt hat er dieses Werk aber nie. Drei Ins-

… und Friedrich Nietzsche versucht sich mit Ratschlägen zur Verbesserung Bachs.

trumentalteile daraus fügt er schließlich im Juli 1861 zu einem Stück für Klavier zu vier Händen zusammen und gibt ihm den Titel »Schmerz ist der Grundton der Natur«. Mit Weihnachten oder einem Oratorium hat das aber nichts mehr zu tun …

Auch der Bach-Biograf Albert Schweitzer macht sich Gedanken zur Aufführbarkeit des sechsteiligen Oratoriums. Um es als eine Art »kirchliches Volkstheater« mit stringenter Handlung an einem Abend aufführen zu können, plädiert er für die radikale Streichung nahezu aller Arien, da die Weihnachtshandlung ja in den großen Chören, Chorälen und Rezitativen ausreichend genug zur Geltung kommt. John Neumeier hingegen will in seiner getanzten Version des Weihnachtsoratoriums, die auf DVD vorliegt, keinen sakralen Tanz präsentieren, sondern »theatrale Bewegungen generieren«, die allgemeingültige menschliche Werte darstellen sollen. Das ebenfalls in Hamburg ansässige, experimentierfreudige Ensemble Resonanz geht in seiner CD-Aufnahme noch einen Schritt weiter und nimmt Bachs Musik als Ausgangspunkt für eine umgearbeitete, gekürzte und kleiner besetzte Fassung, die elektronisch verstärkte, »bachfremde« Instrumente mit traditionellem Instrumentarium kombiniert. Entgegen dem aktuellen Trend einer historisch informierten Aufführungspraxis wird hier die originale Musik mit eigenen, heutigen Vorstellungen konfrontiert. Eine Praxis, die an aktuelle Inszenierungen im Sprechtheater erinnert und dem Werk in den Augen und Ohren des Rezensenten der *Süddeutschen Zeitung* eine »Frischzellenkur« verpasst.

Aspekte der Aktualisierung mit Tanz und Experiment

JOHANN THEODOR MOSEWIUS (1788–1858)

Dirigent der ersten beiden Teile des Weihnachtsoratoriums in Breslau 1844

So habe ich […] das Weihnachts-Oratorium in sechs Teilen kennen gelernt und dessen zwei ersten Teile, Kantaten auf das Weihnachtsfest, zur Aufführung gebracht. […]

Die erste Kantate: »Jauchzet, frohlocket« beginnt mit einem feurigen Chore (D-Dur, 3/8), dem Lob- und Preisgesange auf das Weih-

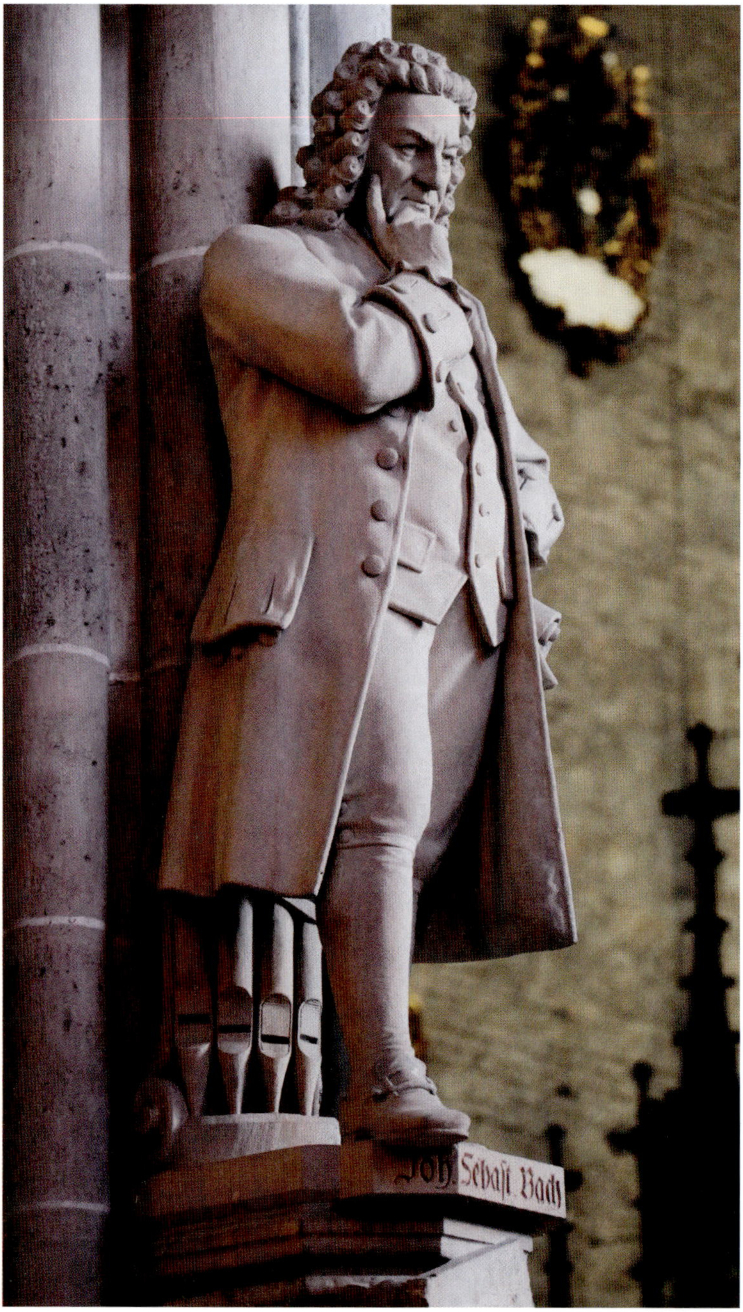

J. S. Bach als Persönlichkeit der Kirchengeschichte im Ulmer Münster, um 1900

nachtsfest. Die Blase-Instrumente treten abwechselnd und im Vereine als begleitende Stimmen darin auf und haben die sonst bei *Bach* zu treffende Selbstständigkeit größtenteils aufgegeben. – Die ganze Konzeption der Orchesterpartie trägt schon diesen Wechsel der Instrumente in sich. Noch überraschender tritt uns die einleitende Hirtenmusik der zweiten Kantate entgegen. – Sie ist ebenso originell, als anmutig und lieblich. Man wird bei der Verarbeitung der Motive, bei ihrem abwechselnden Hervortreten in den Blase- und Streich-Instrumenten, bei ihrer welchselseitigen Durchdringung bis zur vollendetsten Einheit unwillkürlich an *Beethoven* erinnert. – Beide Kantaten sind überhaupt reich an ebenso merkwürdigen als schönen Musikstücken. – Also auch diese Schätze hat der Überreiche schon vor hundert und zehn Jahren besessen? Und wie selten hat er sich damit geschmückt! Er prägte täglich ewig gültige Münze in reinstem Golde, und spendete aus dem tiefsten Schachte seines Herzens unvergänglich beglückende Gaben der bedürftigen Menschheit. Kein Künstler war je reiner als er. *Bach* lehrt keinen Prunk; die mit ihm prunken, prangen nicht, am allerwenigsten durch ihn. Denn wer auf ihn eitel geworden ist, der weiß vom alten *Sebastian* nichts; dem hat er nie das Herz bewegt und dessen Finger rühren nur die klingende Schelle, schlagen nur das tote, tönende Erz.

Bekenntnis zu Bach: »Kein Künstler war je reiner als er.«

Johann Theodor Mosewius: *Johann Sebastian Bachs Kirchen-Cantaten und Choralgesänge.* Berlin 1845, S. 24f.

ANONYMUS

Besprechung der Aufführung in Berlin durch die Singakademie am 17. Dezember 1857

Es erschien bei dem Weihnachts-Oratorium nicht zweckmäßig, das ganze Werk vollständig zu geben. Abgesehen von der langen Dauer der Musik, die bei einer neuen Bekanntschaft dem guten Eindruck nachteilig werden könnte, würde auch manche Leerheit und Lücke wegen einiger unbesetzbarer Instrumente auffallen. Zu letzteren gehören außer der Orgel [Fußnote: Fr. Liszt hatte bei der

Aufführung geistlicher Musiken in der Singakademie ein »Harmonium« aufgestellt.], den Altoboen etc. auch diejenigen Instrumente, welche – wenigstens in einzelnen Musikstücken, je nach der Tonart – nicht so leicht wie die Geigen sich den Bach'schen Einstimmungen wieder annähern können, auf welche zurückzugehen die Singakademie seit einiger Zeit bemüht ist. Wenn somit außer der Auslassung einiger Musikstücke oder ihrer zweiten Teile, in wenigen Fällen auch durch Anwendung eines anderen als des vorgeschriebenen Instruments von dem Originale abgewichen wird, so ist dies durch das Bestreben, den großen Meister so wenig wie möglich zu verletzen, und ihm so viel als möglich gerecht zu werden, gerechtfertigt. [...]

Alles ist klar, fließend und durchsichtig in der Form und im Ausdruck. Derselbe Meister, zu dem wir sonst als zu dem tiefsinnigsten Exegeten des göttlichen Wortes, als zu dem kühnsten und gewaltigsten Tonbildner emporblicken, offenbart uns hier die ganze Fülle und Poesie eines kindlich frommen Gemütes. Die hellste Festtagsstimmung klingt uns aus dem Werke entgegen und die Tonsprache ist von Anfang bis zu Ende ebenso froh bewegt als einfach und treuherzig. Der erste Chor: »Jauchzet, frohlocket« erinnert weniger an die pietistische Eigentümlichkeit Bachs als an den schlichten Stil Händels, des frischesten und patriarchalischsten unter allen Volkssängern. Dem Choral: »Wie soll ich dich empfangen« liegt dieselbe Melodie zugrunde wie dem »Wenn ich einmal soll scheiden« aus der Matthäus-Passion. Sie erhält aber durch die verschiedenartige Behandlung einen ganz neuen Sinn. Dort spricht sie völlige Hingabe und Entsagung, hier die seligste Hoffnung aus. Indem der Meister die Gefühle und Gedanken künstlerisch gestaltet, mit welchen ihn der Gegenstand erfüllt, knüpft er immer am liebsten an jene Weisen an, die einst in allen Herzen heimisch waren und tröstend und erhebend den Einzelnen von der Wiege bis zum Grabe geleiteten.

Bach als »tiefsinnigster Exeget des göttlichen Wortes«

Wesentlich deshalb sind die Bach'schen Tondichtungen unserer unmittelbaren Empfindung so fern gerückt, weil einer ihrer Hauptbestandteile, der Choral, für die Gegenwart eine völlig andere Bedeutung hat. Er ist zum bloßen Sonntagslied geworden; dem täglichen Leben entfremdet, nur noch heimisch in Kirche und Schule, ruft er in uns nichts weiter wach, als die halbverklungenen Erinnerungen aus der ersten Jugend. Ehedem, als religiöse Anschauungen noch die gesamte Welt beherrschten und jeder Einzelne sich noch im innigsten Zusammenhang mit der kirchlichen Gemeinschaft wusste, fand das Gemüt in diesen Gesängen den Widerhall all seiner Freuden, Schmerzen und Hoffnungen. Die Choralmelodien, diesen unerschöpflichen Schatz echter Frömmigkeit und Poesie, hat der Meister zu einer Reihe von Gebilden verwandt, deren äußere Mannigfaltigkeit und inneren Reichtum wir nicht genug zu bewundern vermögen. [...]

Choräle als »Widerhall« persönlicher Freuden, Schmerzen und Hoffnungen

Das »Schlafe, mein Liebster« ist eines der anmutigsten und innigsten Wiegenlieder, die je aus vollem Mutterherzen gesungen worden. Der Chor »Ehre sei Gott in der Höhe« beginnt mit dem glänzendsten Aufschwung, um unmittelbar darauf bei den Worten »und Friede auf Erden« in eine unendlich weiche und träumerische Stimmung überzugehen. Der Chor »Fallt mit Danken« erscheint fast als im Mozart'schen Geiste geschrieben: der Wechselgesang zwischen einer einzelnen Bassstimme und den vereinigten Sopranen ist tief empfunden. Der Chor: »Herr, wenn die stolzen Feinde schnauben«, ist gewaltig. Wie in den übrigen Bach'schen Werken, so wird uns auch in dem Weihnachts-Oratorium der Genuss durch eine Weise der Instrumentation erschwert, an die wir uns erst gewöhnen müssen, um uns den vollen Inhalt der Tondichtung aneignen zu können. Vergleichen wir das Orchester Bachs mit dem Haydns, Mozarts und Beethovens, so entbehrt es nicht nur einzelner höchst charakteristischer Faktoren, so der Klarinetten, in der Regel auch der Hörner und Posaunen, sondern, was viel wichtiger ist, die ganze Behandlung ist der Orgel nachgeahmt und hat etwas Starres und Monotones. Es fehlen alle feineren Klangmischungen, und die einzelnen Instrumente werden nur benutzt wie verschiedene Register, welche die Hand des Organisten nach einem gewissen System auf- und zuschiebt. Während in den Schöpfungen der späteren Zeit das Orchester den beweg-

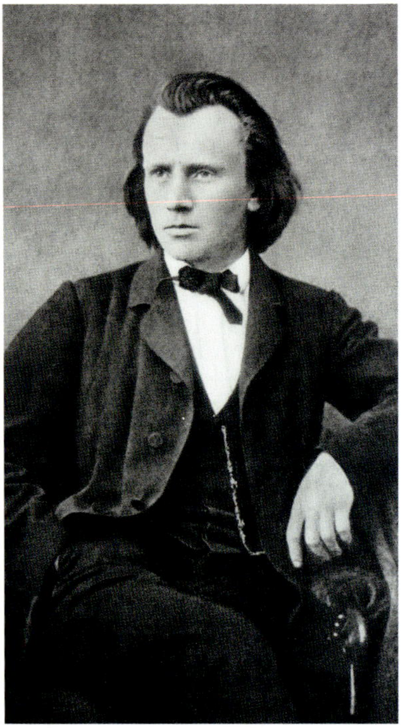

Johannes Brahms, Wien 1866

ten Hintergrund bildet, gegen den sich der Gesang in einfacher Klarheit und individueller Haltung abhebt, tritt hier gerade das umgekehrte Verhältnis ein.

Berliner Musik-Zeitung, Echo. Hrsg. von einem Verein theoretischer und praktischer Musiker. Sonntag, den 27. Dezember 1857, S. 413–415.

JOHANNES BRAHMS (1833–1897)

Komponist, Pianist, Mitbegründer der ersten Bach-Gesamtausgabe

In unserem 3. Konzert ging das Weihnachts-Oratorium (Teil 1, 2, 4, 6) doch ganz trefflich. Ich und der Chor mindestens hatten unsre Freude. Der hiesigen Kritik gegenüber hat ein Bach'sches Werk schweren Stand. Hanslick mag in den 8 Tagen Höllenpein gelitten haben, da 2 Tage nachher von Herbeck die Johannis-Passion aufgeführt wurde.

Johannes Brahms: *Brief an Clara Schumann vom 4. April 1864*, in: Johannes Brahms: Briefe, hrsg. von Hans Gal. Frankfurt a. M. 1979, S. 30.

EDUARD HANSLICK (1825–1904)

Autor, Pädagoge und Musikkritiker in Wien

Die Aufführung des Bach'schen *Weihnachts-Oratoriums* geschah durch die Wiener Sing-Akademie, unter der Leitung des Herrn Joh. *Brahms*. Gegen die Gesellschaft der Musikfreunde [mit ihrer Aufführung der Johannes-Passion] stand sie schon durch die Wahl der Komposition etwas im Nachteil. So reich auch das »Weihnachts-Oratorium« an musikalischen Schönheiten vom ersten Rang ist, den einheitlichen, unmittelbar zündenden Eindruck der Johannes- oder Matthäus-Passion vermag es nicht hervorzubringen. Das sogenannte »Weihnachts-Oratorium« (1734 komponiert und seit Bachs Tod zum erstenmal wieder aufgeführt in Breslau 1844) ist eine Folge von sechs Kantaten, deren jede einem bestimmten Feiertag, von Weihnachten bis zum heiligen Dreikönigs-Tag gewidmet ist. Wenn W. Rust in seiner Vorrede zur Ausgabe der »Bach-Gesellschaft« dies Hexameron ein »geistlich-lyrisches *Drama* im wirklichen Sinn des Wortes« nennt, so hat er nur insofern Recht, als die in Rezitativen vorgetragene, verbindende Handlung (nach den Evangelisten Lukas, Kap. 2, Verse 1–21 und Matthäus, Kap. 2, Verse 1–12) erst im 6. Teil zum völligen Abschluss kommt.

Der stoffliche Zusammenhang der sechs Kantaten ist aber ein so lockerer, dass bei der hiesigen Aufführung, wie auch anderwärts, zwei davon ohne Nachteil für das Verständnis ganz weggelassen wurden, ein Beweis, dass der Begriff des *Dramas*, wie er noch auf die Passions-Musiken passt, hier nicht mehr Anwendung findet. Wichtiger noch ist der Umstand, dass im »Weihnachts-Oratorium« das dramatische Element gegen das epische und lyrische geradezu verschwindet. Es fehlen hier die leidenschaftbewegten, dramatischen Chöre, welche dort wie tiefe Schlagschatten wirken; das »Weihnachts-Oratorium« bietet uns zu viel Licht ohne Schatten. Die Einheit der Stimmung ist allerdings durch alle sechs Kantaten durch den Stoff gegeben und in der Musik festgehalten; diese Stimmung ist mit einem Wort: Weihnachtsfreude – die geistliche natürlich erlösungsfroher Seelen, nicht die weltliche rotwangiger Kinder. In einzelnen von den Arien und Duetten, noch mehr in den Chören ist diese Stimmung schwungvoll und freudig ausgedrückt, wie schon die drei Trompeten, welche die wichtigsten Chöre schmetternd einleiten und figurierend begleiten, dem Ganzen eine festliche Färbung geben.

Eduard Hanslicks Kritik am Werk: Es »bietet uns zu viel Licht ohne Schatten.«

Im Verlaufe wird dies Festsitzen auf einem so engbegrenzten lyrischen Felde etwas monoton. Dazu kommt noch, dass durch den kürzlich pietistischen Text etwas Weiches und Spielseliges in die ganze Betrachtung kommt, das unserm Gefühle widerstrebt. Dies ewige Seufzen und Schmachten nach dem »himmlischen Bräutigam«, dies liebäugelnde Hätscheln des »süßen Schatzes« von Anfang bis zum Ende macht es etwas sauer, uns der Musik mit ganzer lebhafter Empfindung hinzugeben. Der Heiland hatte damals in Deutschland einen erbärmlichen poetischen Hofstaat. So unermesslich sich auch Bachs Musik über seinen Text stellt, so übte dieser doch insofern einen Einfluss auf jene, dass *Bach* rein geistliche Dinge und religiöse Empfindungen mitunter in zierlichen und fröhlichen Weisen besingt, die unsere angeblich so frivole Zeit als dem Gegenstand nicht ganz angemessen empfindet. Dass aus den Arien und Duetten, sogar dem einen und dem anderen Chore des Weihnachts-Oratoriums nicht jene gesammelte tiefe Empfindung spricht, wie aus den zwei Passions-Musiken, dass mitunter etwas Äußerliches, ja »à-la-Modisches«, wie man damals sagte, sich fühlbar macht, dürfte der unbefangene Hörer ohne weiteres gewahr werden. […]

Unter der Leitung von Johannes Brahms gingen die Chöre »sicher und korrekt«.

Herr Brahms bewährte als Dirigent der Aufführung neuerdings sein tiefes Verständnis Bach'scher Musik. Die Chöre der Sing-Akademie gingen sicher und korrekt; an lebendiger und feiner Nuancierung hätten sie immerhin noch mehr leisten können. […] Die Anwendung eines Claviers zur Begleitung der Secco-Recitative anstatt der unpräzisen, rumpelnden Contrabässe, begrüßen wir als eine sachgemäße und glückliche Neuerung, der wir hier zum erstenmal im Concert der Sing-Akademie begegneten, und somit wohl Herrn Brahms verdanken. –

Eduard Hanslick: *Sämtliche Schriften. Historisch-kritische Ausgabe. Bd. I,7. Aufsätze und Rezensionen 1864–1865*. Hg. und kommentiert von Dietmar Strauß unter Mitarbeit von Bonnie Lomnäs. Wien u. a. 2011, S. 69–72.

FRIEDRICH NIETZSCHE (1844–1900)

Philosoph und klassischer Philologe, der auch komponiert hat

Liebe Freunde,
[…] Ohne weitere Umschweife will ich deshalb mich zu dem Stoff wenden, der jetzt eure Aufmerksamkeit kurze Zeit fesseln möge. Und dieser Stoff betrifft die Umgestaltung des [Bach'schen Weihnachts-]Oratoriums. […] Was die Behandlung nun anbetrifft, so ist diese erstens zu kompliziert und lässt noch den Mangel an

Einheit empfinden. Wie kann ein Tonwerk, in eine Menge kleiner unzusammenhängender Teile zerspalten, einen einigen und vorzüglich einen heiligen Eindruck machen! Deshalb halte ich dafür, dass das Ganze nur in wenige aber größere Teile zerfallen, die sich dem Gang der Ereignisse anschließen und einen durchgängig einigen Charakter tragen. Zweitens liegt ein Nachteil in der viel zu künstlichen, altväterischen Behandlungsweise, die mehr in die Studierstube passt, als in unsere Kirchen und Säle und die dem Ungebildeten in der Musik das Verständnis erschwert, ja unmöglich macht.

Nun ist zwar richtig: Ein solches Werk kann und soll nicht bei einmaliger Anhörung durchdacht und auserkannt, sondern empfunden werden. Und dass eine Fuge auch von Ungebildeten empfunden werden kann, wird niemand leugnen, besonders, wenn sie knapp und kräftig ist, und nicht durch unzählige Takte misslautend und langweilig durchgeführt wird. Der Hauptgrund aber, dass das Oratorium zu wenig populär, ist wohl darin zu suchen, dass die Musik oft zu unheilig mit Weltlichem gemischt ist. Und das ist das Haupterfordernis, dass sie in allen Teilen das Heilige, Göttliche auf der Stirn trägt. Also muss ein jedes Oratorium diesen drei Forderungen genügen, nämlich überall einen einzigen zusammenhängenden Charakter zeigen, dann tief zu Gemüt dringen und endlich stets streng religiös und erhebend sein.

Ein »wenig populäres« Werk, weil »die Musik oft zu unheilig mit Weltlichem gemischt« ist.

Dazu tritt nun noch ein Erfordernis, das aber wirklich notwendig und unumgänglich ist. Ich meine nämlich die Ausstoßung des Rezitativs und einen entsprechenden Ersatz. Es lässt sich nun einmal eine rein unpoetische Erzählung schlechterdings nicht absingen, ohne einen störenden und trennenden Eindruck hervorzubringen. Als entsprechender Ersatz lässt sich auch so eigentlich kein andres Musikstück erdenken. Wenn die Erzählung aber unumgänglich notwendig ist, so müssten nach meiner Meinung die Worte zu der begleitenden Musik gesprochen werden. So träte dann ein neues Element, nämlich das melodramatische zu dem Oratorium. Sonst muss aber so viel nur irgend möglich alles Unsingbare vermieden werden und lieber die etwa fehlenden Zwischenglieder, die sich

Bachs Oratorium als Melodram!

bei bekannten Erzählungen der Zuhörer so leicht ergänzen kann, durch musikalische Zwischensätze von ähnlichem Charakter als die Erzählung ausgefüllt werden.

Friedrich Nietzsche: *Briefwechsel. Kritische Gesamtausgabe.* Hrsg. von Giorgio Colli und Mazzino Montinari, Abt. 2, Bd. 2 (Juni 1850 – September 1864). Berlin u. a. 1975, S. 137–139.

ALBERT SCHWEITZER (1875–1965)

Arzt, Philosoph, protestantischer Theologe, Organist

Eine vollständige Wiedergabe des Weihnachtsoratoriums verlangt zwei Abende. Lässt es sich ermöglichen, so lege man die Aufführungen so, dass die erste in die Advents- oder Weihnachtszeit, die zweite in die Epiphanienzeit fällt. Steht nur ein Abend zur Verfügung, so ist es vorteilhafter, reichlich zu streichen, als das Werk überhastet zu geben, wobei dann der ermüdete Hörer die Schönheiten des zweiten Teils nicht mehr zu fassen vermag. Gewöhnlich wird dann auch – und sehr zu Unrecht – der zweite Teil von Strichen viel ärger mitgenommen als der erste. Als Prinzip ist aufzustellen, dass von den großen Einleitungschören, den Chorälen und den Rezitativen und allem, was zur Weihnachtshandlung gehört, nichts weggelassen werden darf. Die Streichungen treffen also ausschließlich Arien.

Albert Schweitzers Vorschlag zur Streichung nahezu aller Arien!

Zum Zwecke kirchlicher Volksaufführungen kann man im Weihnachtsoratorium getrost auch nahezu alle Arien streichen, ohne dass dabei ein Torso entstünde; vielmehr kommt auf diese Weise die Handlung nur desto schöner und klarer heraus. Nur das Wiegenlied »Schlafe, mein Liebster« behalte man bei, versetze es aber an den Platz, an den es der Handlung nach hingehört: an den Schluss des Rezitativs »Und sie kamen eilend ... Maria aber behielt alle diese Worte und bewegte sie in ihrem Herzen«. Dann ist es das Wiegenlied, das die Mutter dem himmlischen Kind singt, nun sie wieder mit ihm allein ist.

Albert Schweitzer, *Johann Sebastian Bach (1908)*, S. 633, 638, © by Breitkopf & Härtel, Wiesbaden.

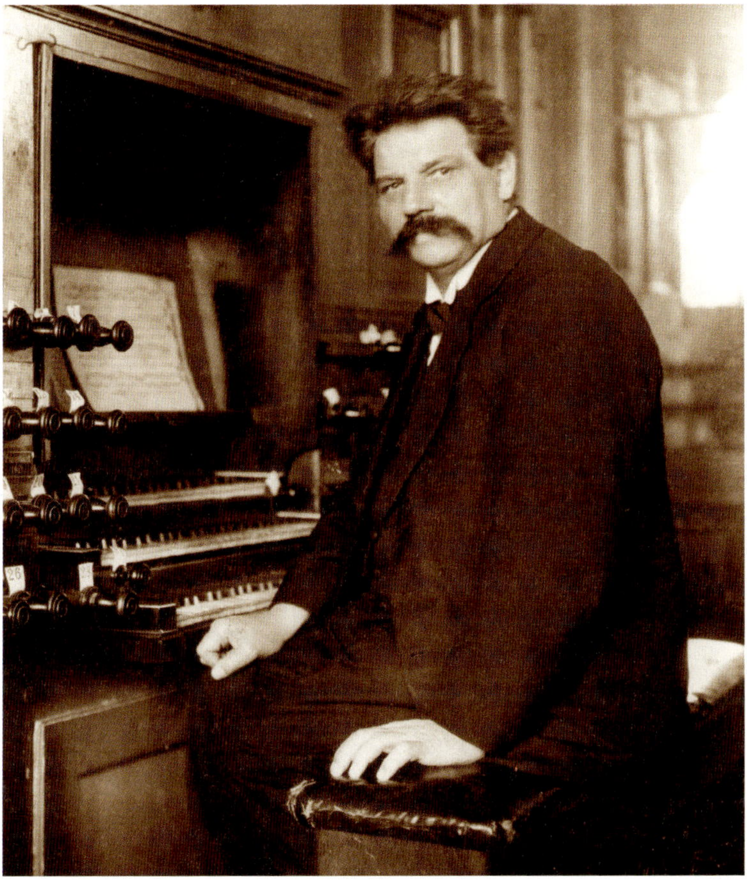

Albert Schweitzer hat nicht nur über Bach geschrieben, sondern auch bei Aufführungen des Weihnachtsoratoriums in Straßburg an der Orgel mitgewirkt.

JOHN NEUMEIER (*1939)

Choreograf, Tänzer und Direktor des Hamburg Balletts

Meine Choreografie zu Bachs *Weihnachtsoratorium* ist kein religiöses Unterfangen, sie will weder ein Ersatzgottesdienst sein noch den Versuch unternehmen, missionarisch tätig zu werden. Das war schon in meiner Behandlung mit Bachs Matthäuspassion so und setzt sich jetzt fort. Ich will mit meiner Choreografie keinen sakralen Tanz schaffen, sondern theatrale Bewegungen generieren, die einer inspirierten, uns noch heute berührenden Musik entsprungen sind. Wir bringen Bachs Musik in einen

Theaterraum, der kulturell und religiös unterschiedlich geprägte Menschen für ein paar Stunden als Zuschauer vereint. Für mich geht es immer um menschliche Werte. Das ist auch der Grund, dass in meinem Ballett Maria als »die Mutter« bezeichnet wird und Joseph als »ihr Mann«.

John Neumeier im Programmheft zum »Weihnachtsoratorium I–VI«, erschienen am 8. Dezember 2013.

REINHARD J. BREMBECK (*1963)

Musikkritiker

Bachs Weihnachtsoratorium ist derzeit unvermeidlich. Wer diese sechs Kantaten aber einmal überraschend neu erleben will, der muss zur Einspielung des grandiosen Hamburger »Ensemble Resonanz« greifen. Weil da neben neun Streichern und vier Sängern nur noch der Genie-Trompeter Markus Schwind, der (E-)Gitarrist Johannes Öllinger und der auf sechs zwischen 1937 und 2016 gebauten Vintage Keyboards spielende Michael Petermann beteiligt sind, die Choräle singen dann alle zusammen. Wer das als geschmacklos verdächtigt, der sei versichert, dass Bach den frechen Popsound nicht nur gut, sondern mit Gewinn in Struktur und

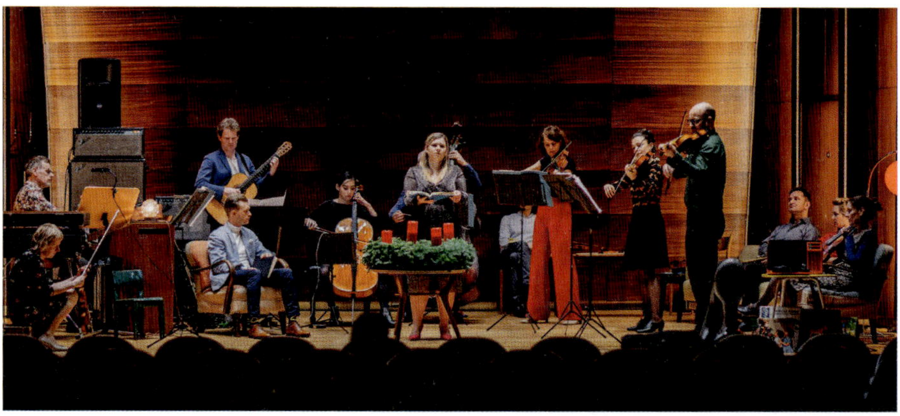

Bachs Weihnachtsoratorium als »Hausmusik unter Freunden« mit dem Hamburger Ensemble Resonanz

Klarheit so wegsteckt, dass diese geschickt auf 30 Nummern geschrumpfte Version hinreißend rockt, dass da Basspassagen drin sind, die man so immer wieder hören will und dass der Trompeter immer wieder die Sterne zum Funkeln bringt. Am Ende wird sich dann jeder Weihnachtsmuffel auf Weihnachten freuen.

Reinhard J. Brembeck, Süddeutsche Zeitung, 27. November 2017.

DIE BESONDERE STIMMUNG UND DER MUSIKALISCHE STIL DES WERKES

Was macht eigentlich die Stimmung eines Musikwerks aus, und wie charakterisiert man den besonderen Stil einer Komposition? Was bei jedem Musikstück, über das geschrieben und gesprochen werden soll, zur Herausforderung gerät, gestaltet sich besonders schwierig im Fall von Bachs Weihnachtsoratorium. Denn in ihm kommen unterschiedliche Ausdrucksebenen und Stilmittel, Erzählungen und musikalische Perspektiven zusammen. Wie schafft es Bach, all diese Faktoren miteinander zu vereinen? Und woran lässt sich überhaupt das Weihnachtliche seines Oratoriums festmachen?

Was ist »das Weihnachtliche« dieses Oratoriums?

Einig sind sich alle, dass Bach in diesem Werk eine besonders sinnliche Musik geschrieben hat: Die Schriftstellerin Marie Lipsius findet das Sinnliche in den eindringlichen Melodien wieder, die es ihrer Meinung nach so bei Bach nur hier gibt. Carl Hermann Bitter, preußischer Beamter und Politiker, der als Musikliebhaber schleswig-holsteinische Musikfeste gegründet und zahlreiche Schriften zur Musik veröffentlicht hat, zieht einen Vergleich zwischen Bachs Passionen und seinem Weihnachtsoratorium. Als hervorstechendste Eigenschaft des Oratoriums sieht er, im Gegensatz zu den Passionen, eine Konzentration Bachs auf den sinnlichen Reiz der Musik. Der Bach-Biograf Philipp Spitta setzt Bachs Komposition in Beziehung zu liturgischen Bräuchen und dem Volksschauspiel. Eine Mischung aus beiden macht seiner Meinung nach die besondere Stimmung des Werks aus – im Text wie in der Musik. Die Parodie (Umtextierung) ursprünglich weltlicher Musik ins

Geistliche ist für ihn ein wesentlicher Faktor des Volkstümlichen in Bachs Werk. An diese Theorie knüpft der Theologe und Philosoph Wilhelm Dilthey an: Volkstümliche Bräuche und Religiosität prägen die Stimmung im Weihnachtsoratorium. Daraus resultiert eine Vermischung von geistlicher und weltlicher Sphäre – anders als in den Passionen. Eher scheint es Bach um ein »realistisches volkstümliches Gepräge« mit bildhafter Qualität gegangen zu sein als um dramatische Musik.

LA MARA – PSEUDONYM FÜR MARIE LIPSIUS (1837–1927)

Schriftstellerin und Musikhistorikerin

Reizvollere, eindringlichere Melodien denn hier hat Bach über keine seiner Schöpfungen ausgestreut, und eine holdere Sprache reden seine Instrumente nirgends als in der nächtlichen Hirtenscene, welche die den zweiten Teil einleitende »Sinfonia« schildert. [...] Kirchlich, wie sein Stil von Grund aus geartet war, bleibt er es auch, wo er weltlich sein will; seinem eigensten Wesen kann er nicht entfliehen.

La Mara: *Musikalische Studienköpfe. Vierter Band: Classiker.* Leipzig 1880, S. 111f.

PHILIPP SPITTA (1841–1894)

Musikwissenschaftler, Bach-Biograf

Es ist [...] bemerkt worden, dass aus den dramatisierten Lektionen der Passionsgeschichte sich die mittelalterlichen Passionsschauspiele entwickelten, deren Schauplatz anfänglich noch die Kirche blieb. Die Weihnachts-, Oster- und Himmelfahrtsspiele haben denselben Ursprung. [...] Die Weihnachtserzählung bietet nur vier Vorgänge dar: die Geburt, die Verkündigung der Engel an die Hirten, der Gang der Hirten nach Bethlehem und die Anbetung der heiligen drei Könige. Die symbolisch-dramatische Darstellung derselben ist denn auch der protestantischen Liturgie lange Zeit hindurch ganz oder teilweise verblieben. [...] Neben der Sitte des Kindleinwiegens muss man in Leipzig auch eine symbolische

Zeremonie zur Darstellung der Engelsbotschaft gekannt haben. Sie bestand darin, dass Knaben als Engel verkleidet in vier Chören sich an vier Stellen der Kirche (beispielsweise vor dem Altar, auf der Kanzel, im Beamten-Stuhl und auf dem Orgelchor) aufstellten und den Christgesang *Quem pastores laudavere* Zeile um Zeile unter einander abwechselnd vortrugen. [...]

Nun liefen aber neben diesen liturgischen Vorgängen die außerkirchlichen Weihnachtsspiele her, welche sich gleichfalls um jene vier Haupthandlungen mit volkstümlicher Freiheit und Naivität bewegten. Da das Weihnachtsfest sich mit urgermanischen heidnischen Gebräuchen und Anschauungen verschmolzen hatte, so wurzelten auch die Weihnachtsspiele viel tiefer und zäher noch im Volksleben, als die Passionsspiele; sie blühten demnach auch noch viel frischer als diese und waren dem Sohne des Thüringerstammes etwas von Jugend her vertrautes. So waren auch hier die Umstände günstig für die Gestaltung eines liturgischen Weihnachts-Mysteriums, das Anschauung und Empfindung des Volkes mit reichsten Kunstmitteln und in höchster künstlerischer Vollendung erschöpfend zum Ausdruck bringen sollte. [...]

»Quempassingen« und »Kindleinwiegen«: Wie vertraut war J. S. Bach mit volkstümlichen Weihnachtsbräuchen?

Die festliche Heiterkeit und kindliche Lieblichkeit, welche den Grundzug des Weihnachts-Oratoriums bildet und dem Charakter des Christfestes einen erschöpfenden Ausdruck gibt, ist aufs glücklichste durch jene Übertragung weltlicher Gesangsstücke erreicht worden. [...] Kein anderes Werk Bachs birgt einen reicheren Schatz reizender, leicht eingänglicher Melodien, als das Weihnachts-Oratorium. Doch nicht im musikalischen allein liegt der volkstümliche Zug desselben. Wo es nur anging, ist auch im poetischen Teile auf die Anschauungen der weihnachtlichen Volks-Schauspiele und -Lieder und die mit ihnen zusammenhängenden Zeremonien Rücksicht genommen. Die Sitte des Kindleinwiegens wird durch das Schlummerlied des zweiten Theiles »Schlafe, mein Liebster« zurückgespiegelt, ein Stück von bestrickendem Wohllaut und süßester Melodik.

Philipp Spitta: *Johann Sebastian Bach.* Zweiter Band. Leipzig 1880, S. 400–402 u. 407f.

CARL HERMANN BITTER (1813–1885)

Preußischer Finanzminister und Musikschriftsteller

Wohl weicht die Stimmung, in welcher die Musik geschrieben ist, von der mythischen Vertiefung, welche den beiden Passions-Musiken eigen ist, [...] wesentlich ab. Die Notwendigkeit hierfür ergab sich aus den Bedingungen, welche der Gegenstand der Komposition bot. Die festliche Stimmung, die Stimmung heiliger reiner Freude muss notwendigerweise eine andere sein [...]. Daher tritt die Musik hier vorwiegend in kräftigeren Rhythmen, in glänzenderen Farben auf als dort. Das homophone Element derselben wird hie und da in den Vordergrund gestellt, der sinnliche Reiz mehr, als Bach sonst dies liebt, berücksichtigt.

Carl Hermann Bitter: *Johann Sebastian Bach*. Zweite, umgearbeitete und vermehrte Auflage. Berlin 1881, Bd. 2, S. 173.

WILHELM DILTHEY (1833–1911)

Protestantischer Theologe, Gymnasiallehrer und Philosoph

Die Evangelienerzählung der Geburt Christi, die Hirten auf dem Felde, die Geburt selbst am armseligsten Ort auf der Reise, der Stern und die Huldigungen der drei Könige – all das ist ein augenscheinlich legendarischer Stoff, konzipiert in der Phantasie, die hier volksmäßig, ohne Tendenz, ohne Verhältnis zu dogmatischen Fragen wirksam gewesen ist. Kein Teil der Evangelien [...] ist schlichter, volksmäßiger, keiner hat denn auch die Kunst stärker angeregt zu Schöpfungen von naivem, allgemeinverständlichem Charakter, in dem die heilige Schönheit des Familienlebens zu bildlicher Darstellung gelangen konnte.

Weihnachtspoesie und »weltliche Glücksgefühle«

Hierdurch ist nun zunächst der innere Zusammenhang des Weihnachtsoratoriums von Bach mit aller Weihnachtspoesie und zugleich mit allen weltlichen Glücksgefühlen gegeben. Vielfach geht diese Weihnachtsmusik zurück, schon in ihrer Textgestaltung, auf Volkslieder, Volksschauspiele, Bräuche. Hierauf beruht nicht nur in Bachs Oratorium eine solche historisch rückblickende Stellung, sondern der ganze pastorale Charakter des zweiten Teils hat darin seine hergebrachte, volksmäßige Grundlage, und ebenso hat die Geschichte von den drei Königen zu ihrer volkstümlichen Grundlage gleichsam die ganze Beleuchtung, in der das Volksgemüt diese Geschichte sah wie in einer märchenhaften Vergoldung.

Hierdurch ist nun auch der Charakter der Musik bedingt. Sie ist volkstümlicher, einfacher in der Form zumeist auch in den Chören. In den Solopartien ist dem schlichten Reiz der Melodie breiterer Raum gegeben als in der Passionsmusik. Weltliche Stücke, die denn freilich Bach schon in dem ihm eigenen religiös fundierten Stil gemacht hatte, sind benutzt worden; dergleichen war eben nur möglich, wo der Übergang in die weltliche Stimmung so dicht an das Religiöse angrenzte. [...]

Das musikalische Genie Bachs hat diesen Mangel in einen eigenen Vorzug des Weihnachtsoratoriums umzuwandeln gewusst. Ich möchte die Kunstform, die so entstand, vergleichen mit den Altarbildern, die Maria mit dem Kinde zeigen, um sie her aber, zu ihren Füßen, stehen Gestalten, welche die verschiedenen Modulationen des religiösen Gefühls dieser Erscheinung des Christuskindes gegenüber zum Ausdruck bringen. Und ihr zu Häupten öffnet sich der Himmel und lässt einen Chor seliger Geister erblicken. Darin freilich liegt der Unterschied, dass für den großen protestantischen Musiker die Maria ganz in den Hintergrund tritt und nur das Mysterium der Erscheinung des göttlichen Kindes auf Erden den religiösen Gegenstand bildet. Hier wie dort aber ist die Einheit nicht in einer sichtbaren Handlung, welche die Personen verknüpfte, sondern in dem religiösen Gemüte, dem der heilige Gegenstand erscheint und von dem er nun mehrfach nachempfunden wird. Versenkt man sich ganz in diese Form, dann ist gar kein Bedürfnis nach dramatischer Handlung mehr vorhanden. In den Worten des Evangelisten wird der religiöse Gegenstand in der Sukzession hingestellt. Und zwar ist ihre rezitativische musikalische Wiedergabe weder episch noch dramatisch, vielmehr ist eine getragene feierliche, vom Bewusstsein des übersinnlichen Gegenstandes gleichsam gedämpfte, leise gewordene Stimmung der Grundton der Erzählung, dem sich die musikalische Vergegen-

Bachs Musik gleicht einem Altarbild mit offenem Himmel und einem »Chor seliger Geister«.

wärtigung der einzelnen Lebensmomente unterordnet. Der religiöse Gegenstand ruft dann den Ausdruck des Gemeindegefühls in Chorälen und den der intimen persönlichen Stimmung in Arien und Rezitativen hervor. Es ist gleichsam nur ein architektonischer Raum, ein ideeller Zusammenhang zumeist, aber keine dramatische oder epische Relation zwischen den musikalischen Teilen des Ganzen. [...]

Eine feierliche Stimmung dehnt sich über alles aus, ahnende Erwartung der Erscheinung der Engel, die in dem silbernen Lichte hervortreten. Und dieser Ton, der so seltsam und märchenhaft aus der Hirtenpoesie der Zeit und dem religiösen Weihnachtsfrieden gemischt ist, verbreitet sich dann über das Ganze. Der Evangelistenbericht atmet feierliche Rührung, die dann im Rezitativ des Engels tiefste Innerlichkeit wird. Den Mittelpunkt bildet das Schlummerlied, das, einer Altstimme zugeteilt, wohl den Gesang der heiligen Mutter abspiegeln soll: wie aus weiter Ferne kommt zuerst in den Instrumenten das Thema des Liedes und wird dann von der Altstimme aufgenommen: es ist, als ob Dürers heilige Muttergottes bei der Wiege des Kindes zu singen anhöbe: in das weltliche Motiv ist ein religiöser Klang eingemischt.

Das »Schlummerlied« der Maria steht im Mittelpunkt.

Wilhelm Dilthey: *Die große deutsche Musik des 18. Jahrhunderts*, in Ders.: Von deutscher Dichtung und Musik. Stuttgart 1957, S. 232–237.

DER ZUSAMMENHANG ZWISCHEN WEIHNACHTEN UND PASSION

Stand das Weihnachtsoratorium mit seiner späteren Wiederentdeckung im Schatten der großen Matthäus-Passion, so wird es in nahezu jeder Betrachtung mit dieser und dem Schwesterwerk Johannes-Passion verglichen. Solche Vergleiche beziehen sich zunächst ausschließlich auf die Musik der Werke. Auf theologischer Ebene gibt es zudem inhaltliche Bezüge zwischen Weihnachten und Passion, die in Bachs Oratorium durchklingen und damit beides zusammendenken. Die offensichtlichste Verbindung ist

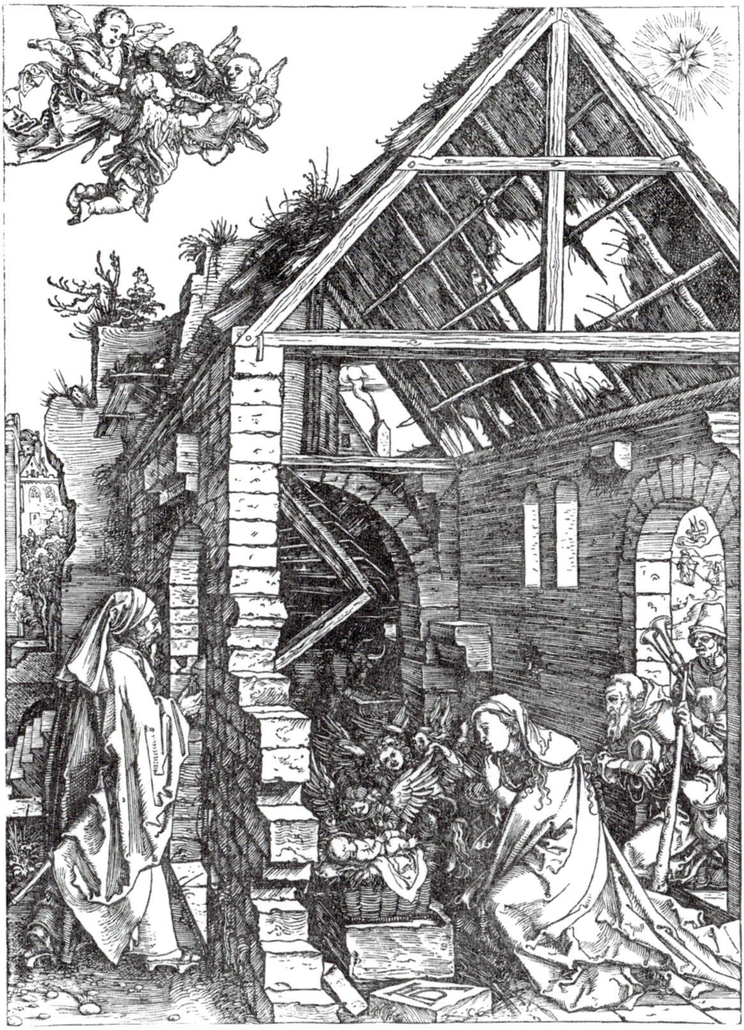

Albrecht Dürer: „Die Geburt Jesu Christi“ (Holzschnitt um 1503), aus dem Zyklus »Das Marienleben«. Das Gebälk des Stalles ist nach Ansicht vieler Interpreten ein Hinweis auf den Zusammenhang von Krippe und Kreuz.

die Erzählung von Jesu Einzug in Jerusalem, die im Gottesdienst am Palmsonntag wie am 1. Sonntag im Advent gelesen wird. Carl von Winterfeld, der zehn Jahre vor der öffentlichen »Wiederentdeckung« bereits eine erste Abhandlung zum Weihnachtsoratorium geschrieben hat, weist darauf hin, dass die Aufführung an sechs Sonn- und Festtagen von Bach aus der Aufführungstradition mehrtägiger Passionsoratorien übernommen worden ist. Die Verwendung der Melodie des Passionsliedes »O Haupt voll Blut und Wunden« für das Adventslied »Wie soll ich dich empfangen?« im ersten Teil sieht er musikalisch legitimiert durch den theologischen Bezug zwischen Palmsonntag und erstem Advent. Der frühere badische Landesbischof Ulrich Fischer schlägt einen theologischen Bogen vom Beginn im Stall von Bethlehem bis zum Kreuz von Golgatha und findet ihn mit dem Schlusschor des sechsten Teils idealtypisch realisiert, da er mit dem Choral »Wie soll ich dich empfangen?« aus dem ersten Teil durch Verwendung derselben Choralmelodie einen Rahmen aus Erwartung und Erfüllung um das gesamte Werk zieht. Den einzig sichtbaren Textbezug zwischen Krippe und Kreuz beschreibt Hans-Detlef Hoffmann mit Verweis auf Rezitativ und Choral (Duett zwischen Bass und Sopran) im vierten Teil. In »Immanuel, o süßes Wort« wird der Jesusname ausgedeutet und zugleich seine Geburt mit der Passion zusammengedacht. Deshalb »erscheint hinter der Krippe das Kreuz, wird aus Bethlehem Golgatha« (Hans-Detlef Hoffmann) – und aus der weihnachtlichen Stimmung die Frage der Passion, »was wir dem Kind angetan haben« (Peter Härtling).

Der theologisch-musikalische Bogen: von der Krippe zum Kreuz

CARL VON WINTERFELD (1784–1852)

Jurist und Musikwissenschaftler

Unter den Bachschen Weihnachtsmusiken gehört zu den wichtigsten eine Reihe von sechs Kantaten, die er selber unter die gemeinschaftliche Benennung: »Oratorium nativitatis Christi« zusammengefasst, und sie insgesamt an die von den Evangelisten vorgetragenen kirchlichen Abschnitte für die Feste geknüpft hat, denen sie geweiht sind, wie dieses sonst allgemeiner nur in den Oratorien über die Leidensgeschichte zu geschehen pflegt. […]

Und nun schließt sich in vierstimmigem Gesange die erste Strophe des schönen Adventliedes an von Paul Gerhardt: »Wie soll ich dich empfangen« etc., doch nicht mit der gewöhnlich dafür angewendeten Melodie Melchior Teschners zu dem Liede von Valerius

Herberger: »Valet will ich dir geben«, sondern der des Passionsliedes gleicher Strophe: »O Haupt voll Blut und Wunden«. Und doch dürfen wir uns nicht wundern, die Töne eines Passionsliedes hier, in einem Weihnachtsgesange, angeschlagen zu hören. Ist nicht dem ersten Sonntage der Rüstzeit auf das Fest der Geburt des Herrn, und dem Palmsonntage, der Pforte durch die wir eingehen zu der Betrachtung seines erlösenden Leidens, ein und derselbe Abschnitt aus dem Evangelium des Matthäus gemeinschaftlich, die Erzählung von seinem Einzuge in Jerusalem, die mit dem Rufe endet: »Gebenedeiet sei, der da kommt in dem Namen des Herrn«? Singen wir nicht um die eine und die andere heilige Zeit jenes Lied Gerhardts mit gleicher Erbauung? Die innere Beziehung beider Feste hat man von jeher lebhaft empfunden, und auch in Werken bildender Kunst sie anschaulich geltend zu machen gestrebt.

Biblisch-liturgischer Zusammenhang zwischen Palmsonntag und Erstem Advent

Carl von Winterfeld: Theologie, Choralbehandlung und Parodieverfahren in der Kantate »Jauchzet, frohlocket, auf, preiset die Tage«, in: *Der evangelische Kirchengesang und sein Verhältnis zur Kunst des Tonsatzes*, Bd. III, Leipzig 1847, S. 343–345.

ULRICH FISCHER (1949–2020)

Protestantischer Theologe, ehemaliger Landesbischof von Baden

So kann ein Oratorium von der Weihnacht nicht anders enden als mit einem überdeutlichen Hinweis auf die Passion Christi. Was im Stall von Bethlehem beginnt, das findet am Kreuz von Golgatha seine Vollendung. Stand am Anfang die bange Frage »Wie soll ich dich empfangen?«, so bleibt am Ende – mit derselben Passionschoralmelodie ausgedrückt – die ermutigende Gewissheit »bei Gott hat seine Stelle das menschliche Geschlecht«. Im Stall von Bethlehem nimmt die Menschwerdung Gottes ihren Anfang. Hier beginnt Gott, die Stelle des menschlichen Geschlechts einzunehmen. Gott nimmt auf sich, was auf Erden wir getan, gibt sich daran, unser Lamm zu werden. So nimmt er die Stelle des menschlichen Geschlechts ein – bis zum Tod am Kreuz. Darum hat das menschliche Geschlecht seinen Platz bei Gott. Darum habe ich meinen Platz bei Gott. Grund genug für übermütige Freude, wie sie aus dem Schlusschor spricht.

Ulrich Fischer: *Jauchzet, frohlocket! Die frohe Botschaft des Weihnachtsoratoriums.* Frankfurt am Main (edition chrismon) 2009, S. 82f.

HANS-DETLEF HOFFMANN (*1947)

Protestatischer Theologe, Gemeindepfarrer und Superintendent

So persönlich, so intim in Bildern und der Sprache der Erotik, die die engste Gemeinschaft kennzeichnen, die es unter Menschen gibt, wird [im vierten Teil] das Geheimnis des Jesusnamens gefeiert. Die objektive Seite dieser liebenden Hingabe bringt der Choral zum Ausdruck, der simultan zu dieser Meditation erklingt und kommentierend erläutert: *Jesu, du mein liebstes Leben, meiner Seelen Bräutigam, der du dich für mich gegeben an des bittern Kreuzes Stamm!* Ja, da wird mitten in der festlich-gefühlvollen Stimmung der Weihnachtszeit an das Kreuz erinnert. Zum ersten und einzigen Mal im gesamten Weihnachtsoratorium erscheint hinter der Krippe das Kreuz, wird aus Bethlehem Golgatha – und damit die Mitte des Glaubens – sichtbar. Nun will das Kreuz und damit der Gedanke an den Tod für uns so gar nicht zum stimmungsvollen Goldglanz unserer Art, Weihnachten zu feiern, passen. Doch Bach erspart es uns nicht, in einer Zeit, wo unsere Gedanken meist nur auf Frieden, Harmonie und Wohlgefühl ausgerichtet sind, an Sterben und Vergänglichkeit erinnert zu werden. Auch im Sterben sollst du mir das Allerliebste sein. Der als Kind armer Leute geboren in einer Futterkrippe lag, der sich auf Golgatha für uns alle dahingegeben hat in den Tod, der gibt auch mir in meinem Leben und Sterben Orientierung und Halt bis zur letzten Stunde!

Auch an Weihnachten erinnert Bach an das Kreuz.

Hans-Detlef Hoffmann: Predigt zu Weihnachtsoratorium Teil IV (BWV 248 / IV). Am Neujahrstag 2000 im Herforder Münster, in: *Mit Bach predigen, beten und feiern,* hrsg. von Jochen Arnold, Anne Gidion, Kathrin Oxen und Helmut Schwier. Evangelische Verlagsanstalt Leipzig 2018, S. 144.

PETER HÄRTLING (1933–2017)

Schriftsteller

Ich höre Bachs Weihnachtsoratorium und
wundere mich wieder, wie diese Musik
das Kind, das um unseretwillen Kind
bleiben soll, alles wissend und doch für
einen erleuchteten Moment alles vergessend,
aufnimmt und wiegt.

»Jauchzet, frohocket! Auf, preiset die Tage!
Rühmet, was heute der Höchste getan!
Lasset das Zagen, verbannet die Klage!
Stimmet mit Jauchzen und Fröhlichkeit an!«

So eröffnen Bubensoprane den großen Lobgesang. Das Kind soll Kind bleiben. Ein Wunsch, unmöglich und unwirklich, denn wir wissen, was wir dem Kind angetan haben und immer wieder antun werden.

KRITISCHES UND LOBENDES ZU BACHS PARODIEVERFAHREN

Kein Aspekt des Weihnachtsoratoriums ist häufiger und intensiver diskutiert worden als das von Bach für große Teile des Werks angewandte Parodieverfahren. Ähnlich wie bei Bachs h-Moll-Messe, die nahezu gänzlich aus Parodien besteht, drücken auch die frühesten Urteile über das Oratorium Enttäuschung und sogar das Bedürfnis nach einer »Rechtfertigung« aus. So, als wäre die Umtextierung bereits existierender Musik ein niederer Schöpfungsakt, der nur minderwertige Musik hervorbringen könnte. Diese romantische Perspektive mit emphatischem Werkbegriff stammt aus dem 19. Jahrhundert und ignoriert eine gängige, höchst kreative Praxis im 18. Jahrhundert. Während Winterfeld bemängelt, dass der galante Ton der weltlichen Vorlagen nicht zu Bachs geistlichem Stil passe, versucht Philipp Spitta mit einem Verweis auf die »absolute Musik« jeglicher Kritik die Grundlage zu nehmen. Bach, so Spitta, habe der Text wenig interessiert, ein Wort-Ton-Verhältnis sei bei Bach etwas rein Zufälliges. Der protestantische Pfarrer Hermann Wilhelm Gottfried Barth geht noch einen Schritt weiter in der angeblich notwendigen Verteidigung des Thomaskantors: Er sieht Bachs Schreibweise ganz und gar »vom kirchlichen Geiste durchdrungen«. Damit sind auch die Huldigungskantaten, aus denen mehrere Sätze des Weihnachtsoratoriums hervorgehen, im Kern bereits als geistliche Musik angelegt gewesen und würden von Bach durch die Parodie »erst ihrer eigentlichen Sphäre zurückgegeben«. Albert Schweitzer macht hingegen die Parodie von weltlich nach geistlich dafür verantwortlich, dass den meisten Arien die Strahlkraft fehle: Viele große Arien würden den Hörer nicht berühren. Deshalb seien ausführende Musiker auch berechtigt, Arien aus dem Werk zu streichen, die nicht direkt zur weihnachtlichen Handlung gehören.

Ist alle Musik Bachs »vom kirchlichen Geiste durchdrungen«?

Der Dirigent Nikolaus Harnoncourt und der Philosoph Byung-Chul Han beanspruchen für Bach eher ein absichtsvolles »In-eins-Denken« von Vorbild und Parodie; dafür spräche auch ihre zeitliche Nähe, so Harnoncourt. Beide Autoren sehen zwei Bedeutungsschichten, die in der Parodie zusammenwirken, wobei für Han das weltliche Urbild noch durch das geistliche Endbild schimmern kann. Zwei Bach-Spezialisten aus der musikalischen Praxis bewerten die Parodien wiederum vollkommen unterschiedlich: Ton Koopman hält das Wort-Ton-Verhältnis in den Ursprungswerken für glaubhafter. John Eliot Gardiner hingegen zeigt sich begeistert von der genialen Anpassung einer eigentlich völlig widersprüchlichen Musik an den weihnachtlichen Text. Aus diesem Gegensatz zwischen Vorbild und Parodie zieht er Konsequenzen für die Interpretation: »Die beiden Versionen schreien nach einer völlig anderen Spielweise.«

CARL VON WINTERFELD (1784–1852)

Jurist und Musikwissenschaftler

Die erste der vom Weihnachtsfeste bestimmten Cantaten ist neben den gewöhnlichen vier Bogen-Instrumenten [= Streicher] noch durch zwei Flöten, zwei Hoboen, drei Trompeten und Pauken begleitet. Ihr erster Chor »Jauchzet, frohlocket, auf, preiset die Tage« [...] befremdet beim ersten Anblicke durch den Ton, den er anstimmt; ein galantes Wesen, dessen wir, in vollstimmigen Gesängen zumal, nicht gewohnt sind bei des Meisters geistlichen Musiken. Die Pauken heben allein an, Flöten, dann Hoboen, antworten ihnen, zu herabbrausenden Gängen der Bogeninstrumente; zu dem Rollen der Pauke schmettern die Trompeten, dann treten sie wieder, singend, als ein Chor von Blechinstrumenten, den Flöten und Hoboen gegenüber; das Vorspiel, in diesem Sinne begonnen, geht in solcher Weise fort [...]. Alles dieses lässt uns einen weltlichen Ursprung ahnen, und wir täuschen uns darin nicht; dieser Chor ist entlehnt aus einem sogenannten »Dramma per musica«, das jedoch nur eine Reihe knechtisch gehaltener Lobpreisungen im Munde allegorischer Figuren ohne Handlung darstellt, und zum 7ten Dezember 1733 als Festmusik für die damalige Königin von Polen und Kurfürstin von Sachsen durch Bach gesetzt war. Das Gedicht, dort beginnend mit den Worten: »Tönet, ihr Pauken, erschallet Trompeten!« etc., was wir denn in der Musik auch wirklich hören, hat Bach beseitigt, und dieser den mitgeteilten neuen Text anbequemt [...].

»Zu dem Rollen der Pauke schmettern die Trompeten ...«

Carl von Winterfeld: Theologie, Choralbehandlung und Parodieverfahren in der Kantate »Jauchzet, frohlocket, auf, preiset die Tage«, in: *Der evangelische Kirchengesang und sein Verhältnis zur Kunst des Tonsatzes,* Bd. III, Leipzig 1847, S. 343f.

HERMANN WILHELM GOTTFRIED BARTH (1866–1946)

Protestantischer Pfarrer und Autor

Der Stil dieser weltlichen Sachen ist nicht wesentlich verschieden von den Kirchenstücken. Wir sagten es uns schon, dass sie deshalb

Bach so häufig nachmals zu kirchlichen Kantaten benutzen konnte. Wie wunderbar uns vielleicht doch nachgerade dieses Herübernehmen ganzer Stücke vorkommt! Aber Bachs Schreibweise war ganz von kirchlichem Geiste durchdrungen, und alle seine Werke sind durch die Übertragung in das geistliche Gebiet erst ihrer eigentlichen Sphäre zurückgegeben. Hierher gehören die Trauermusik um die Königin Eberhardine 1727 [sowie] »Tönet, ihr Pauken, erschallet Trompeten«, später für den ersten Satz des Weihnachtsoratoriums benutzt, der deshalb mit dem Paukenwirbel und der schmetternden Trompete beginnt; und den des Kurprinzen: Herkules am Scheidewege, hier das Original der Echo-Arie der Weihnachtsmusik.

Hermann Barth: *Johann Sebastian Bach. Ein Lebensbild.* Berlin 1901, S. 287f.

TON KOOPMAN (*1944)

Dirigent, Cembalist und Organist

Das Original »klingt doch schlüssiger«!

Der Begriff der Parodie erhielt für mich besondere Bedeutung, als wir nahezu gleichzeitig Bachs Weihnachts-Oratorium, das einige Parodien weltlicher Kantaten enthält, und die betreffenden weltlichen Kantaten aufführten. So umsichtig der neue Text auch auf die »alten« Worte gesetzt wurde – das originale »Tönet, ihr Pauken!« (BWV 214) klingt doch schlüssiger als »Jauchzet, frohlocket!«. Auch das erotische, mit »Wollust« gesungene »Schlafe, mein Liebster« aus BWV 213 und das Wiegenlied für das Christuskind oder die Echo-Arie »Treues Echo« von Herkules in BWV 213 sowie »Flößt mein Heiland« üben dieselbe Wirkung aus.

Ton Koopman: Vom Umgang mit Bachs Kantaten, in: Christoph Wolff (Hrsg.): *Die Gegenwart der musikalischen Vergangenheit.* Salzburg 1999, S. 45.

NIKOLAUS HARNONCOURT (1929–2016)

Dirigent, Cellist und Pionier der historisch informierten Aufführungspraxis

Wort und Musik sind bei Bach auf eine innige Weise miteinander verbunden, die ihre Wurzel im frühen 17. Jahrhundert in Italien hat [...]. Dieser innige Zusammenhang zwischen Musik und Wort wird von vielen Musikwissenschaftlern mit dem Hinweis auf das von Bach ziemlich oft geübte Parodieverfahren – die Umtextierung ein und derselben Komposition von einer weltlichen auf eine geistliche Fassung (etwa »Herkules am Scheidewege« / Weihnachts-Oratorium) – in Frage gestellt. [...] Ich glaube allerdings auch bei Bach an die Einheit von weltlicher Ur- und geistlicher Endfassung. Bemerkenswerterweise parodierte Bach immer weltlich-geistlich, niemals umgekehrt. [...] Es ist auch interessant, dass die Aufführungsdaten von weltlichem und geistlichem Gegenstück bei vielen Werken auffallend nahe beisammen sind (so auch beim Weihnachts-Oratorium).

Da normalerweise beide Versionen vom selben Dichter stammen (hier von Christian Friedrich Henrici – Picander), liegt der Schluss nahe, dass sowohl die weltliche als auch die geistliche Kantate von vorneherein gemeinsam konzipiert wurden, wodurch natürlich das Verfahren und sein Wert in gänzlich anderem Licht erscheinen. Denn es macht wohl einen großen Unterschied, ob man musikalisches Material einfach aus Zeitmangel wiederverwendet und dabei einen neuen Text appliziert, oder ob dem Komponisten schon von vorneherein beide Texte vorliegen und er das Werk bereits auf seine endgültige Fassung hin anlegt. So ließe sich auch der oft bemerkte merkwürdige Umstand erklären, dass die geistliche Zweitfassung, die Parodie also, künstlerisch überzeugender und geschlossener wirkt als die weltliche Urfassung; selbst dann, wenn an einigen Stellen der ursprüngliche Text auch in der musikalischen Auslegung noch durchschimmert.

Die Zweitfassung wirkt »künstlerisch überzeugender«!

Nikolaus Harnoncourt: *Der musikalische Dialog. Gedanken zu Monteverdi, Bach und Mozart*. BVK 1216, S. 88–91,

SIR JOHN ELIOT GARDINER (*1943)

Dirigent und Bach-Spezialist

Da es sich um förmliche Lobeshymnen handelt, sind die Texte der weltlichen Kantaten in der Regel ziemlich schwach – noch schlechter als die der Kirchenkantaten. Von den zirka 20 weltlichen Einzelsätzen, die es ins *Weihnachtsoratorium* schafften, zeigt keiner die Genialität von Bachs Parodietechnik deutlicher als die allererste Arie »Bereite dich, Zion, mit zärtlichen Trieben«. Im Original (dem 9. Satz aus dem Dramma per Musica BWV 213) ist die Stimmung ungehalten: Herkules maßregelt die Wollust (»Ich will dich nicht hören, ich will dich nicht wissen, / verworfene Wollust, ich kenne dich nicht«). Im Oratorium dagegen sind (abgesehen von Bindebögen und der neu hinzukommenden Oboe d'amore) die Noten zwar dieselben, fügen sich hier jedoch zu einem zärtlichen, geradezu erotischen Stück, in dem Zion aufgefordert wird, sich auf die Ankunft des Messias vorzubereiten. Die beiden Versionen schreien nach einer völlig anderen Spielweise.

Bachs Kunst des Parodierens: aus »ungehalten« wird sogar »zärtlich«.

John Eliot Gardiner, *Bach. Musik für die Himmelsburg*, Carl Hanser Verlag GmbH & Co. KG, München 2016, S. 638 f., mit freundlicher Genehmigung von Hanser Verlag.

BYUNG-CHUL HAN (*1959)

Philosoph, Autor, Essayist

Eine strikte Trennung zwischen Erlösung und Ergötzung, zwischen Passion und Unterhaltung lässt sich auch bei Bach nicht aufrechterhalten, und zwar nicht nur auf der musikalischen Ebene, sondern auch auf der Text- und Begriffsebene. »Laben« oszilliert zwischen Gott, Gaumen und Geschlecht. Die verschmähte »Wollust« kehrt über Umwege auf der sakralen Ebene wieder. [...] Bach wäre nicht ohne Weiteres dem platonischen Gebot der Reinhaltung der Musik gefolgt. Gerade sein Parodieverfahren zieht eine Vermischung geistlicher und weltlicher Musik nach sich. Immer wieder verpflanzt Bach Stücke aus weltlichen Kantaten in seine geistlichen Kompositionen. So finden sich auch im Weihnachtsoratorium Teile aus dem »Dramma per musica« *Hercules auf dem Scheidewege* wieder. In diesem musikalischen Drama wird dargestellt, wie Herkules heroisch der Verführung durch die satanische »Wollust« widersteht. Während der Heros der »süßen Lockung« Widerstand leistet, schwört er der Tugend Treue. [...] Später lässt Bach diese Arie der satanischen Wollust ausgerechnet im Weihnachtsoratorium als Schlaflied für Jesus wiederkehren. Sein Parodieverfahren legt der Komposition allerdings einen anderen Text zugrunde. Das so entstandene »Lied zur Ruhe« stellt nicht mehr jene satanische Wollust dar, die Jesus zugunsten der Tugend oder der Erlösung der Menschheit abzuwehren hätte. Beschworen wird vielmehr eine süße Lust, der sich das Kind ohne jeden Widerstand hinzugeben hat: [...] Zumindest auf der musikalischen Ebene lässt Bachs Parodieverfahren Gott mit der Wollust ganz verschmelzen. Ungewöhnlich klingt schon die an Jesus gerichtete Aufforderung: »Labe die Brust, / Empfinde die Lust«. Immer noch schwingt hier die ursprüngliche Arie der schrankenlosen Wollust mit: »Schmecke die Lust / der lüsternen Brust, / Und erkenne keine Schranken!« Mit seinem Parodieverfahren baut Bach die Wollust, wohl unbewusst, in die Heils- und Passionsgeschichte ein.

Wie Bach die Wollust als »süße Lust« in die Heilsgeschichte einbaut.

Byung-Chul Han: *Gute Unterhaltung. Eine Dekonstruktion der abendländischen Passionsgeschichte*, S. 28–32,

SYMBOLIK IN BACHS MUSIK

Der analytische Ansatz, die Musik des Barocks auf ihre Symbolhaftigkeit zu untersuchen, hat sich zu einer bemerkenswerten Disziplin entwickelt. Gefragt wird beim Weihnachtsoratorium nach der symbolischen Aussagekraft der Instrumente und Stimmlagen. Dorothee Sölle schreibt sogar ein Gedicht, das repräsentative Begriffe und Hierarchien der Instrumente als von Bach absichtsvoll vertauscht deutet: Die dörflichen Klänge der Hirten erklingen bei Hofe, die repräsentativen Königsinstrumente sind im Stall und bei den Ärmsten zu hören.

Wie Bach auch mit der Klangwelt fürstlicher Fanfarenmotive für

Blechbläser vertraut war und wie er sie – jeweils mit verschieden akzentuierter symbolischer Bedeutung – in die »Fürstin-Kantate« und in die Arie »Großer Herr, o starker König« des Weihnachtsoratoriums integriert, zeigt Klaus Hofmann. Im Blick auf die den zweiten Teil eröffnende »Sinfonia« differenziert ein »Autoren-Duo« aus Musikwissenschaftler und Theologe – Anselm Hartinger und Niklaus Peter – zwischen einer »Sphäre der Engel« (Streicher und Flöten) und den »Bordunen und Schalmeien der Hirtenwelt«, die in einen Dialog miteinander treten.

Dass den einzelnen Stimmlagen regelrecht eine eigene Persönlichkeit zugeschrieben werden kann, ist eine Tradition aus dem 17. Jahrhundert, die allerdings nie zu einem schematischen Regelwerk geworden ist. Da Bach im Weihnachtsoratorium die meisten Partien für Alt geschrieben hat, sehen viele Autoren hierin eine eindeutig symbolische Aussage. Für Walter Blankenburg steht der Alt für Maria als (im lutherischen Sinne) Urbild des Glaubens und Mutter der Kirche. Hieran knüpft der Theologe Ernst Koch an, wenn er Maria als »vom Geist bewegte Frau« charakterisiert und den Alt darüber hinausgehend als »Stimme des Heiligen Geistes« bezeichnet. Auf eine abstraktere Ebene heben zwei weitere Theologen die Altstimme – was den vorigen Deutungen nicht widerspricht: Beat Rink nennt sie eine »heilsgeschichtliche Stimme«, Helmut Schwier eine »Stimme des Glaubens«, da der überwiegend reflexive Charakter der Alt-Arien wie ein »Weg nach innen« wirke.

Symbolische Bedeutungen der Altstimme: »Urbild des Glaubens« und »vom Geist bewegte Frau«

»Historischen Boden« betreten wir bei der Stimmlagen-Symbolik mit einem Emblem des lutherischen Theologen Johann Saubert aus dem Jahr 1625, das Meinrad Walter auf das Weihnachtsoratorium bezieht. Von den Arien aus dem Weihnachtsoratorium ist die Arie »Flößt, mein Heiland« aus dem vierten Teil – die sogenannte »Echo-Arie« – mehrfach symbolisch interpretiert worden. Geschickt kombiniert mit einer zeittypischen Mode, illustriert Bach in ihr – so die Theologin Elke Axmacher – ein intimes Gespräch zwischen dem Gläubigen und Gott. Hans-Detlef Hoffmann wiederum bringt den Echoeffekt in der Arie auf die bündige Formel: »Gott sagt Ja zum Menschen!«

DOROTHEE SÖLLE (1929–2003)

Protestantische Theologin und Dichterin

Weihnachtsoratorium

Trompeten und pauken
königsinstrumente
man benutzt sie in palästen

Flöten und hörner
hirteninstrumente
man spielt sie im dorf

Aber jsb hat sich das anders gedacht
bei hofe erklingen die sanften
tonfarben der hirten

Im stall
frohlocken die königsklänge
im ausländerwohnheim
schlagen die pauken
ein anderes glück

Dorothee Sölle: *Loben ohne lügen. Gedichte*, S. 24, © Wolfgang Fietkau Verlag, Kleinmachnow 2000.

KLAUS HOFMANN (*1939)

Musikwissenschaftler und Bachforscher

Wo Bach Singstimme und Trompete in Wettstreit treten lässt, gerät ihm die Musik bisweilen zum Kabinettstück. Die Arie »Großer Herr, o starker König« aus dem Weihnachts-Oratorium ist ein solches gleich in mehrfacher Hinsicht. Nicht nur, dass sie ihre beiden Solisten aufs glänzendste präsentiert und ihresgleichen sucht an strahlender Schönheit und poetischer Kraft – sie besticht Hörer und Betrachter auch durch eine Eigentümlichkeit der kompositorischen Faktur, zu der sich nicht leicht, sei es bei Bach selbst, sei es bei einem der Zeitgenossen, ein Gegenstück findet. Das Ungewöhnliche besteht in der Behandlung der Trompete in den Soli der Singstimme. Während der Vokalpart sich hier in gewohnter Weise aus der Ritornellthematik entwickelt, geht der Bläserpart eigene Wege: Die Einwürfe der Trompete haben mit der thematischen Substanz des Satzes meist nichts zu tun, sind weder aus dem Ritornell abgleitet noch aus der Singstimme; sie sprechen ihre eigene Sprache, bewegen sich im Dreiklangsidiom der Signalmusik, der Horn- und Trompetenfanfaren.

Bach zitiert eine allbekannte Fanfare. Wer zitiert, verweist; aber worauf verweist Bach? Im Bewusstsein der Zeit Bachs waren Fanfaren einer bestimmten Ebene der ständisch geordneten Welt verbunden – der höchsten: Der Gebrauch von Trompeten und Hörnern war traditionell Privileg des Adels, Fanfarenmusik Insigne fürstlichen Ranges, Kennzeichen politischer Macht und Ausdruck ständischer Lebensform. Für den Hörer der Zeit verweist jedes Fanfarenzitat zunächst einmal auf diese elementaren Zusammenhänge. Im einfachsten denkbaren Fall erfüllt sich somit dessen Zweck, wenn es im Rahmen einer Fürstenhuldigung als direkte Anspielung auf den Rang des Adressaten erkannt wird: Hofzeremoniell ragt gleichsam hinein in die musikalische Darbietung.

Fanfarenmusik als »Insigne fürstlichen Ranges« und »Kennzeichen politischer Macht«

Der Text der Parodievorlage »Kron und Preis gekrönter Damen« (BWV 214/7) gilt der Adressatin der Geburtstagsmusik. Die Zusammenhänge sind unkompliziert: Die Trompete bezeichnet den Adelsrang der Gefeierten, die Fanfare »grüßt« sie als Kurfürstin von Sachsen und Königin von Polen. Dass die Fanfare bei Bach erst an dieser Stelle und nicht etwa zu Beginn des Werkes erklingt, ist ein dramaturgischer Kunstgriff: Während in den vorausgehenden Sätzen der Chor und die Personen der allegorischen Handlung von der Königin nur in der dritten Person reden, wird sie nun – obwohl nicht wirklich zugegen – direkt angesprochen. Der Wechsel der Perspektive wird von dem Signalzitat effektvoll unterstrichen; es klingt gleichsam Begrüßungszeremoniell von außen in die Arie hinein. Für den naiven Zuhörer mag die Illusion entstanden sein, die Königin betrete im Augenblick den Saal.

Das Bewundernswerte bei »Großer Herr, o starker König« ist nun, dass die Parodie die musikalischen Besonderheiten der Vor-

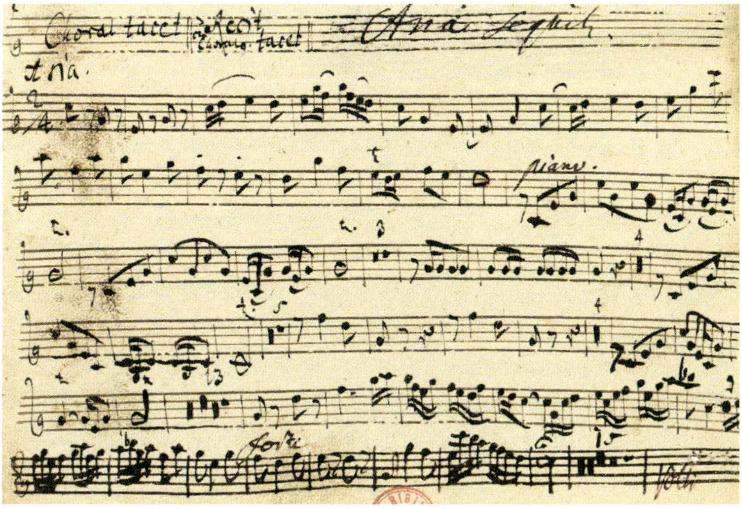

Arie »Großer Herr, o starker König«. Trompetenstimme (Tromba I) des originalen Aufführungsmaterials Leipzig 1734 mit den Signalmotiven, die Jesu Majestät symbolisieren

lage nicht etwa auf sich beruhen lässt, sondern aufnimmt und metaphorisch umprägt. Der Parodietext ist erkennbar mit dieser Grundabsicht verfasst, und aus ihr ergibt sich letztlich auch der Ort der Arie im neuen Zusammenhang. Skopus des Parodietextes ist der Gegensatz von niedriger Geburt und Gotteskönigtum Jesu. Der Text nennt Jesus einen großen Herrn und starken König; und die Trompetenfanfare kennzeichnet nun den himmlischen Fürsten.

Der Arientext, der Jesus – wie im Urbild die Königin – direkt anspricht, heißt ihn gleichsam auf Erden willkommen. Der Vergleich der beiden Sätze lässt exemplarisch etwas erkennen von der geistigen Leistung und der Qualität der Parodierung. Wer immer die entscheidende Idee gehabt haben mag, Bach oder sein Textbearbeiter – die Neufassung ist auch ein Kabinettstück der Parodiekunst.

Klaus Hofmann: »Großer Herr, o starker König«. Ein Fanfarenthema bei Johann Sebastian Bach. In: *Bach-Jahrbuch*, 81 Jg. (1995), S. 31ff. Auszüge aus den Kap. I, III und IV; Abdruck mit Zustimmung des Autors.

ANSELM HARTINGER (*1971) & NIKLAUS PETER (*1956)

Musikwissenschaftler & protestantischer Theologe

Der Beginn des zweiten Teils: »sinfonische« Musik mit »überragender Intensität«

10. sinfonia
Durchgängig in wiegendem Sicilianogestus gehalten, wird die Sinfonia von Streichern und Flöten eröffnet, die die Sphäre der Engel vertreten und eine Szenerie entwerfen, in die die von Bordunen und Schalmeien der Hirtenwelt inspirierten vier Holzbläser erst zaghaft eintreten und sich dann zusehends ins Gespräch mischen. Im Dialog beider Klanggruppen entwickelt die nächtliche Verkündigung eine alle barocken Parallelstücke überragende Intensität: Gott wird hörbar ebenso Mensch, wie die furchtsamen Hirten in den befreiten Gesang der Engel einstimmen dürfen.

Anselm Hartinger, Niklaus Peter: *Und es waren Hirten in derselben Gegend. Theologisch-musikalische Anmerkungen.* J. S. Bach-Stiftung, St. Gallen, 2018, S. 5. www.bachipedia.org

WALTER BLANKENBURG (1903–1986)

Protestantischer Pfarrer, Kirchenmusiker und Musikwissenschaftler

Von jeher ist es aufgefallen und als eigentümlich empfunden worden, dass vor allem in den drei ersten Teilen und danach noch in Teil V des Oratoriums der Sopran als solistische Stimme gegenüber dem Solo-Alt in einem Maße zurücktritt wie wohl in keinem zweiten Werke Bachs. [...] Wenn dies in der Praxis gelegentlich dazu geführt hat, die Sopranistin durch eine Einlage zu »entschädigen«, dann ist dies gewiss ein fragwürdiges Verfahren; denn die Herausstellung solistischer Alt-Partien kann natürlich kein Zufall sein. Sucht man anhand der betreffenden Texte nach einer Erklärung, so ergibt sich schnell, dass in ihnen die Mutter Maria spricht, nun aber freilich nicht als reale Gestalt der Weihnachtsgeschichte, sondern als Maria im übertragenen lutherischen Verständnis als Ur- und Sinnbild des Glaubens und somit als die Mutter der Kirche.

Walter Blankenburg: *Das Weihnachts-Oratorium von Johann Sebastian Bach.* BvK 1171, S. 31, © Bärenreiter-Verlag Karl Vötterle GmbH & Co. KG, Kassel.

ERNST KOCH (*1930)

Protestantischer Theologe und Hochschullehrer

Dass Maria der lutherischen Theologie des 17. Jahrhunderts als eine vom Geist bewegte Frau galt, ließe sich vielfach nachweisen [...]. Insofern ist durchaus in den Altpartien des Weihnachts-Oratoriums auch die Stimme Marias zu hören, aber eben deshalb, weil in ihr der Heilige Geist spricht, der in allen Glaubenden spricht, wenn er tröstend, mahnend und Gott lobend zu ihnen spricht. [...] Überhaupt ist wohl [...] der Vorstellung Abschied zu geben, die Solostimmen im Weihnachts-Oratorium und in der Matthäus-Passion seien in Analogie zum Singspiel oder zur Oper als Vertreter in den Geschehnissen handelnder Personen eingesetzt (wobei jeweils die in der Evangelienerzählung selbst vorkommenden Personen eine Ausnahme bilden). Wenn die oben gegebene Interpretation sachgemäß ist, vertreten die Solosingstimmen vielmehr je für sich eine wichtige Grunderfahrung christlicher Frömmigkeit, wobei der Alt die im glaubenden Herzen sprechende Stimme des Heiligen Geistes vertritt.

Die vokalen Solostimmen vertreten persönliche Grunderfahrungen.

Ernst Koch: Die Stimme des Heiligen Geistes. Theologische Hintergründe der solistischen Altpartien in der Kirchenmusik Johann Sebastian Bachs, in: *Bach-Jahrbuch* 81 (1995), S. 76.

BEAT RINK (*1957)

Schweizer Theologe und Aphoristiker

Im Alt haben wir zuerst eine »heilsgeschichtliche Stimme« vermutet. Verkörpert sie hier nun ausschließlich Maria? Ist die Zuordnung so eindeutig? Es ist kaum anders möglich, als im Wiegenlied die Stimme der Mutter zu hören. Dennoch ist eigenartig, dass die Aufforderung zum Singen in Satz 18 an die Hirten ergangen ist, die nun aber unhörbar (oder nur durch die Flöten hörbar) bleiben. Zweitens geht der Zeithorizont des Liedes weit über jenen der Mutter Jesu hinaus. Drittens bleibt die Arie in der Thematik des Liebesliedes bzw. des geistlichen Braut-Bräutigam-Motivs (*»mein Liebster«*) für ein reines Wiegenlied höchst ungewöhnlich.

Viertens singt die Stimme zunächst im Namen einer Person, dann mehrerer Personen oder eines Kollektivs (*»Wo wir unser Herz erfreuen«*). Was lässt sich daraus folgern? Wenn hier Maria singt, so ist es zumindest eine stark stilisierte Maria. Oder anders gesagt: Die »heilsgeschichtliche Stimme« schlüpft in die Gestalt Marias hinein, nimmt aber ihre eigene Perspektive sowie jene der Hirten und der »Braut Christi« mit. Nach dieser dritten Alt-Arie können wir festhalten, dass die »heilsgeschichtliche Stimme« offenbar hauptsächlich um das Thema der Liebe Gottes bzw. der Liebe zu Gott kreist. Die Heilsgeschichte stellt sich auch im »Weihnachtsoratorium« als Geschichte der göttlichen Liebe dar.

Beat Rink: *Jauchzet, frohlocket. Die Botschaft des Weihnachtsoratoriums von Johann Sebastian Bach*. Gießen: Campus für Christus. edition crescendo 2003, S. 19.

HELMUT SCHWIER (*1959)

Protestantischer Theologe und Hochschullehrer

Gott ist anders. Wo und wie ist er dann zu finden? Die Altstimme gibt eine erste Antwort. Es ist die Stimme des Glaubens, die im Alt erklingt; manche denken an Maria, andere an den Glauben, den der Heilige Geist hervorbringt. Der Glaube singt: *Sucht ihn in meiner Brust, hier wohnt er, mir und ihm zur Lust*. Wer Gott finden will, muss an der richtigen Stelle suchen und sich auf den richtigen Weg machen. Die auch heute richtige Stelle und der richtige Weg heißen: Vertrauen.

Der Weg geht also zunächst nach innen. Denn jeder und jede einzelne ist hier angesprochen, persönlich, unverwechselbar, unvertretbar, existentiell.

Helmut Schwier: Predigt zu Weihnachtsoratorium Teil V (BWV 248 / V) und der Motette Singet dem Herrn ein neues Lied (BWV 225). Epiphanias in der Peterskirche Heidelberg, in: *Mit Bach predigen, beten und feiern*, hrsg. von Jochen Arnold, Anne Gidion, Kathrin Oxen und Helmut Schwier. Evangelische Verlagsanstalt Leipzig 2018, S. 156.

MEINRAD WALTER (*1959)

Musikwissenschaftler und Theologe

»Symbol« meint ursprünglich »Zusammen-Werfen«: Wir hören etwas oder sehen es in den Noten – und was wir so sinnlich wahrnehmen, das gewinnt zugleich eine tiefere, eine »symbolische« Bedeutung. Solche sinnvollen Zusammenhänge zu kennen, kann das Hören und Verstehen der Musik Bachs bereichern. Bachs Prinzip ist nämlich ein Doppeltes. Zunächst gilt, dass kein Moment der Musik – Tonart und Geste, Klangfarbe und Besetzung, um nur Einiges zu nennen – davon ausgeschlossen ist, auch symbolisch gemeint und deshalb so deutbar zu sein. Umgekehrt wiederum gilt, dass in J. S. Bachs Vokalmusik alle Facetten eines Textes – Worte, Affekte, gegensätzliche Aussagen, Bewegungsaspekte wie »Hinauf!« oder »Hinab!«, emphatische Stimmungen wie Freude und Schmerz – prinzipiell in die Sprache der Musik »übersetzbar« sind.

Im Blick auf die Symbolik der Stimmlagen betrachten wir ein Sinnbild (Emblem) des Nürnberger Theologen Johann Saubert (1592–1646), der den vier vokalen Stimmen jeweils eine symbolische Qualität zuspricht, die für das Verständnis mancher Kompositionen erhellend wirken kann. Es meint keineswegs, dass das immer so sein muss und für jede Arie in exakt gleicher Weise gilt! Es können auch ganz andere Aspekte eine Rolle spielen, oder gar keine. Symbolik ist prinzipiell »polyphon« und niemals ein »Schlüssel, der an alle Türen passt«.

Wann GOTT der heilig Geist die Herzen selbst regieret
Und gleichsam aus der Höh den ALT mit musizieret:
Wann er den Takt auch gibt nach Gottes Wort allein,
O was kann *richtiger,* als diese Musik sein?

Und wann der wahre Glaub im Menschen wird entzündet,
Gleich einem starken BASS, darauf sich alles gründet;
Der fremde Noten nicht durchaus lässt kommen ein:
O was kann *kräftiger,* als diese Musik sein?

Wann ferner das Gebet wie ein DISKANT [Sopran] aufsteiget
Und sich dem Glaubens-BASS allzeit gemäß erzeiget,
Wann es in höchster Not noch bleibet klar und rein;
O was kann *lieblicher*, als diese Musik sein?

Wann endlich der TENOR ist das unsträflich Leben,
Da sich die Glieder all nach GOTTES Wort ergeben
Der wahren Heiligkeit, ohn allen falschen Schein;
O was kann *heiliger*, als diese Musik sein?

Wenn wir Sauberts Emblem auf Bachs Weihnachtsoratorium beziehen, passt es sehr gut zu den Arien für Tenor: Das aktive »unsträfliche Leben« hören wir im vierten Teil mit den Worten »Ich will nur dir zu Ehren leben», aber auch in der Arie »Frohe Hirten, eilt, ach eilet« (15), hier noch überlagert durch die Vorstellung, dass ein junger Hirte sich und die anderen geradezu »anfeuert«. In der ähnlich virtuosen Arie »Nun mögt ihr stolzen Feinde schrecken« (62) scheint diese Symbolik ergänzt mit dem heldenhaften Tenor-Aspekt, wie es im Übrigen auch für den markanten ersten chorischen Tenoreinsatz im Eingangschor »Herr, wenn die stolzen Feinde schnauben« zutrifft.

Dass die Altstimme an die Mutter Maria erinnern soll, wird bekräftigt durch eine Besetzungsänderung Bachs. Die Herkules-Vorlage »Schlafe, mein Liebster« war der Wollust (Sopran!) in den Mund gelegt. Für das Oratorium wählt Bach hingegen die Altstimme. Sopran und Bass hören wir immer wieder im Duett, im ersten Teil des Weihnachtsoratoriums mit den Worten »Wer kann die Liebe recht erhöhn?« (Bass rezitativisch) und »Er ist auf Erden kommen arm« (Sopran mit der Choralmelodie). Gewiss soll die Armut Jesu sich hier gleichsam in der schlichten Einstimmigkeit des Cantus firmus spiegeln. Doch auch wenn dem so ist, bleibt der Sopran auch hier die Stimme der Andacht. Der Bass hingegen ist nicht nur Vox Christi, sondern zugleich die Stimme des Glaubens, die von ihren Versuchen singt, Christus und hier seine Menschwerdung zu verstehen: »Ja, wer vermag es einzusehen …?«

Ähnliches gilt für den fünften Teil. Nachdem die Altstimme,

SVAVISSIMA MUSICA CHRISTO. II. Aller Christen nothwendige Musik.

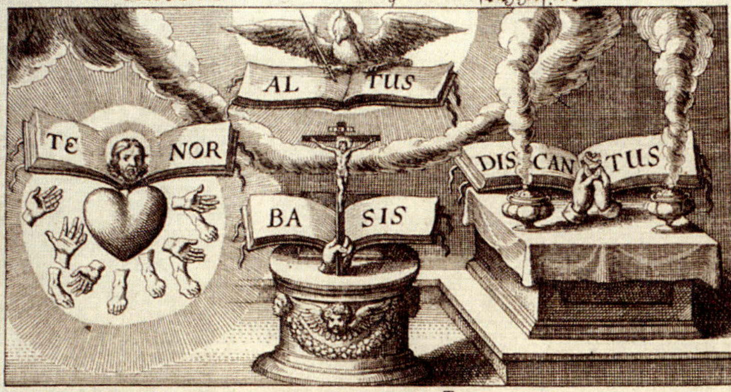

Si regit ex ALTO Spirabile Numen Olympo DISCANTUMq; preces referunt et vita TENOREM
Pectora, datq; fidem, quæ velut ipsa BASIS! Sancta: quid hâc fuerit svavius Harmoniâ?

Das ist:

WAnn GOTT der heilig Geist die Hertzen selbst regieret
Vnd gleichsam auß der Höh den Alt mit musicieret:
Wañ er den Tact auch gibt nach Gottes Wort allein/
O was kan richtiger/ als dise Musick seyn?
Vnd wann der wahre Glaub im Menschen wird entzündet/
Gleich einem starcken Baß/ darauff sich alles gründet;
Der frembde Noten nicht durchauß läst kommen ein:
O was kan kräfftiger/ als diese Musick seyn?
Wann ferner das Gebet/ wie ein Discant auffsteiget/
Vnd sich dem Glaubens-Baß allzeit gemeß erzeiget/
Wann es in höchster noht doch bleibet klar vnd rein;
O was kan lieblicher/ als diese Musick seyn?
Wann endlich der Tenor ist das vnsträfflich Leben/
Da sich die Glieder all/ nach GOTTES Wort/ ergeben
Der wahren Heiligkeit/ ohn allen falschen schein/
O was kan Heiliger/ als diese Musick seyn?

Singet dem HErrn ein newes Lied/ singet dem HErrn alle Welt: singet dem HErrn/ vnd lobet seinen Namen/ etc.
Psal. 96/ v. 1. 2. Psal. 98/ v. 1. Esa. 42/ v. 10. Judith. 16/ v. 2.

29

Johann Saubert: Emblem »Suavissima Musica Christo. Aller Christen nothwendige Musik«. Nürnberg 1629 geistlich inspiriert, schon verstanden hat, dass Christus das Licht auch der Heiden ist (45), bittet der Bass – bei dem wir hier zugleich an den finsteren Herodes denken dürfen – darum, dass ihm auf seinem Weg des Glaubens diese Erleuchtung zuteil wird: »Erleucht auch meine finstre Sinnen«. Wenn er dabei von »allen seinen Werken« singt, die Saubert eher dem Tenor zuordnet, zeigt sich ein weiteres Mal, dass wir beim Thema der Symbolik sowohl mit nachvollziehbaren Ergebnissen als auch mit beständigen Überlagerungen und Unschärfen zu rechnen haben. Aber ist es nicht genau dies, was den Reiz der musikalischen Symbolik ausmacht?

Originalbeitrag. Vgl. Renate Steiger: *Suavissima Musica Christo. Zur Symbolik der Stimmlagen bei Johann Sebastian Bach*, in: dies., Gnadengegenwart. Johann Sebastian Bach im Kontext lutherischer Orthodoxie und Frömmigkeit, Stuttgart 2002, S. 119; Thomas Schlage: »Seelen-Music«. Eine Predigt des Nürnberger Theologen Johann Saubert, in: Renate Steiger (Hrsg.): Die Quellen Johann Sebastian Bachs. Bachs Musik im Gottesdienst. Heidelberg 1998, S. 173–203.

ELKE AXMACHER (1942–2021)

Protestantische Theologin und Hochschullehrerin

Echo-Gedichte waren damals große Mode, vor allem in der Liebesdichtung. Das übernahm auch die geistliche Literatur, und in einer damals sehr bekannten Erbauungsschrift gibt es ein Emblem – eine andere damals sehr beliebte bildnerisch-literarische Kunstform –, das ein Echo darstellt. Es zeigt eine Waldlandschaft mit einem schroffen Felsen, von dem her auf die Frage »Wer liebet mich?« das Echo (auf kleinen Täfelchen geschrieben) antwortet: »Ich Ich Ich.« Und das bedeutet, wie die Unterschrift erläutert: »Zur Antwort fertig.« Man könnte geradezu sagen: Das Echo ist eine Antwort der Liebe auf die Frage der Liebe, also eine Antwort, die der Fragende ganz gewiss erwartet, die er aber doch nicht aus sich selbst hat, sondern die ihm entgegenkommt und die er immer wieder hören möchte. Geistlich gewendet wird das Echo zur Gebetserhörung: Auf ein gläubiges Gebet ist Gott alsbald »zur Antwort fertig«, d. h. bereit.

Elke Axmacher: *Lebenswege – Fluchtwege. Kantaten- und Liedpredigten an der Universität Bielefeld 1995–2006*. Berlin: Frank & Timme 2008, S. 62 f.

HANS-DETLEF HOFFMANN (*1947)

Protestantischer Theologe, Gemeindepfarrer und Superintendent

Aus dieser neckischen Echo-Tändelei macht Bach im Weihnachtsoratorium eine seiner tiefgründigsten Arien. Auch hier geht es zunächst zu wie im weltlichen Urbild: Die Sopranistin fragt singend nach Ja und Nein und das Echo antwortet ganz nach Wunsch und wiederholt die Antwort, die sie sich zuvor selber gab. Und doch ist die Echo-Antwort im Weihnachtsoratorium weit mehr als die getreue Replik der menschlichen Wünsche, die so wie in den Wald hineingesungen wieder heraustönen. Haben Sie den Schluss in Erinnerung? *Sollt ich nun das Sterben scheuen? Nein, dein süßes Wort ist da! Oder sollt ich mich erfreuen? Ja, du Heiland sprichst selbst.* Die Sopranistin schweigt, doch das Echo antwortet unerwartet und ungerufen: *Ja!*

Das letzte und entscheidende Ja in dieser Arie ist kein Echo-Ja mehr. Ohne vorgesungen zu sein, tönt das Ja von selbst dreimal in dieser Arie als ein Ja, das uns zugesprochen und zugesagt wird von außerhalb unser selbst! Gott sagt Ja zum Menschen!

Hans-Detlef Hoffmann: Predigt zu Weihnachtsoratorium Teil IV (BWV 248/IV). Neujahrstag 2000 im Herforder Münster, in: *Mit Bach predigen, beten und feiern*, hrsg. von Jochen Arnold, Anne Gidion, Kathrin Oxen und Helmut Schwier, Evangelische Verlagsanstalt Leipzig 2018, S. 146 f.

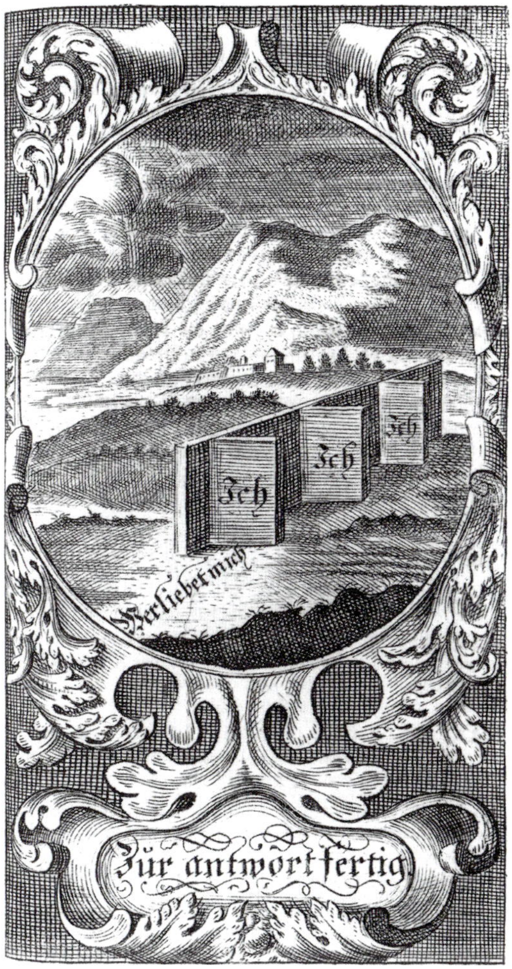

Emblem »Zur Antwort fertig«. In: Johann Arndt: Vom wahren Christenthum. Leipzig 1730

ÜBER DIE CHORÄLE IM WEIHNACHTSORATORIUM

In den Chorälen des Weihnachtsoratoriums hören wir besonders viel Adventliches und Weihnachtliches. Zugleich meldet sich mit ihnen, wie in allen geistlichen Werken Bachs, die Schar der Gläubigen, die christliche Gemeinde zu Wort. Als »Instrument« gläubiger Selbstvergewisserung und gemeinschaftlicher Aneignung nehmen die Choräle – wie auch die Chöre – eine wichtige Stellung im Weihnachtsoratorium ein.

Der Choral als »fester Pfeiler« in Bachs Kirchenmusik

Schon zwei Jahre nach der Berliner Erstaufführung gibt der Musiktheoretiker und spätere Leipziger Thomaskantor Moritz Hauptmann im Februar 1859 Johannes Brahms briefliche Ratschläge zur Aufführungspraxis in Bachs Kantaten und Oratorien. Der Choral ist für ihn ein »fester Pfeiler« in sämtlichen kirchenmusikalischen Werken Bachs und daher frei von jeglicher Effekthascherei aufzuführen. Der Stuttgarter Komponist und Musikwissenschaftler Clytus Gottwald interpretiert vor dem Hintergrund der »Theorie kommunikativen Handelns« des Philosophen Jürgen Habermas die harmonische Aufwertung der Mittelstimmen in Bachs Chorälen nicht nur als stimmliche Gleichberechtigung innerhalb einer Komposition, sondern zugleich als die Gleichberechtigung aller »Stimmen« innerhalb einer Gemeinde. Anhand des Chorals »Dein Glanz all Finsternis verzehrt« aus dem fünften Teil des Weihnachtsoratoriums illustriert der Musikwissenschaftler Martin Geck das Eigenleben der Begleitstimmen, die »blühen wie die Blumen in einer Landschaft«. Dieses Eigenleben steht quer zu einer damals aktuellen Musikästhetik des Natürlichen, was aber Bach, so Martin Geck, nicht gestört habe, da ihm mehr am Ideal einer »musicalischen vollkommenheit« gelegen war. Diese stand dafür, »Disparates und Vielfältiges zusammenzudenken«. Der Dirigent und Bach-Spezialist John Eliot Gardiner schließlich stellt die Choräle aus dem Weihnachtsoratorium über Bachs gesamtes übriges Choralschaffen, da sich in ihnen ein noch größeres »Gespür für Proportionen und Ausgewogenheit« offenbart und sie dadurch »mehr Wärme« ausstrahlen.

MORITZ HAUPTMANN (1792–1868)

Musiktheoretiker, Geiger und Leipziger Thomaskantor ab 1842

Lieber, verehrter Freund!
Auf Ihren lieben Brief mit den Anfragen über Vortrag und Besetzung Bachscher Kantaten- und Oratorienmusik kann ich Ihnen freilich nur meine Meinung sagen, und die wird nicht gerade mehr gelten als eine andere: Sollte sie aber in einigen Punkten mit Ihren Ansichten zusammentreffen, so würde mir's eine Freude sein.

Die ersten drei Fragen betreffen die Choräle. 1) Ob eine Nuancierung durch forte u. piano, crescendo u. diminuendo bei den Chorälen zulässig sei. 2) Ob man die bei S. B. [Sebastian Bach] vorgeschriebene Orchesterbegleitung weglassen dürfe. 3) Ob bei manchen Chorälen ein kleiner Chor für den ganzen eintreten dürfe. Wenn ich die drei Fragen zusammennehmen darf, so möchte ich im Ganzen darauf antworten, dass alles, was nur im Entferntesten an Effektmachen streift, gerade bei der Ausführung dieser Choräle mir ganz ungehörig erscheint. Solche Mannigfaltigkeit will leicht etwas Gefallsüchtiges annehmen. Der Choral in Bachschen Kantaten mag lieber fester Pfeiler bleiben, in dem lyrisch-dramatisch bewegten Fluss des Kantateninhaltes, und bedarf dazu eines gesund kräftigen Vortrags.

Jedes »Effektmachen« wäre ganz ungehörig.

Moritz Hauptmann: Vortrag und Besetzung Bach'scher Cantaten- und Oratorienmusik. Ein unbekannter Brief an Johannes Brahms (15. Februar 1859), in: Eckard Kleßmann (Hrsg.): *Über Bach. Von Musikern, Dichtern und Liebhabern.* Stuttgart 1992, S. 115.

CLYTUS GOTTWALD (1925–2023)

Komponist, Chorleiter und Musikwissenschaftler

An den Bachschen Chorälen, auf die auch [Mauricio] Kagel in seinem *Chorbuch* die Aufmerksamkeit lenkte, lässt sich beobachten, dass die Mittelstimmen trotz der Hegemonie der Oberstimme, trotz des Generalbass-Denkens nicht nur die Harmonien füllen, sondern durch ihre Eigenbewegung (Stimmführung) die Harmonien verändern. Solche Veränderung bezieht sich nicht auf den realen Satz, sondern auf den von der Tradition her zu erwartenden Satz. Das erklärt das Unerwartete mancher harmonischen Wendung, die ohne Zögern als gesuchte kritisiert würde, wäre der Satz nicht von Bach. [...]

Bach wertet die Mittelstimmen auf.

Für Bach stellte sich [...] das Ganze (die Gemeinde, die Kirche) als ein Kosmos dar, in dem das vorgeblich Inferiore nicht unterdrückt, sondern im Gegenteil polyphon so aufgewertet wurde, dass es das Resultat, die harmonische Erscheinung mitbestimmte. Dieses vernünftig zu nennende Verfahren hatte bei Bach zwar ein komplexeres Ergebnis zur Folge, aber die einfachere Lösung wäre in jedem Fall die »unvernünftigere« gewesen. Nicht umsonst haben die Anhänger der (auch theologisch) einfachen Lösungen, die Orthodoxen, immer wieder das Krause der Bachschen Musik bemängelt. Gemeinde war für sie eine simple Konstruktion von Führern und Geführten.

Clytus Gottwald: *»Hallelujah« und die Theorie kommunikativen Handelns. Ausgewählte Schriften.* Stuttgart 1998, S. 215.

MARTIN GECK (1936–2019)

Musikwissenschaftler

Der Chor »Dein Glanz all Finsternis verzehrt« lässt dem Hörer das Herz aufgehen: ein schlichter Kantionalsatz und doch ein vollkommenes Kunstwerk. Die zur Liedweise gesetzten Begleitstimmen haben Eigenleben, steigen innerhalb der ihr zugewiesenen Lage auf und ab, bilden charakteristische Figuren, blühen wie die Blumen in einer Landschaft.

Der Satz ist beständig in Bewegung: kaum eine Zählzeit, in der nicht wenigstens eine Stimme den Grundschlag in fließende Achtel unterteilte! Die Achtel des wandernden Basses sind meistenteils ausharmonisiert; das ermöglicht einen spannungsreichen harmonischen Prozess, nämlich eine Kette überwiegend dissonanter Klänge, die sich überwiegend erst an den Zeilenschlüssen in wohlgefällige Dreiklänge auflösen. Das ist nicht zuletzt sinnbildlich zu verstehen: Nur allmählich werden Finsternis und Sündennacht, von denen der Text redet, in Licht verkehrt. In diesem Sinne beginnt der Satz in fis-Moll, um in A-Dur zu enden.

Bach komponiert ihn im Jahr 1734 für das *Weihnachtsoratorium* – zu einer Zeit, als der Stern einer Musikästhetik aufgeht, die im Zeichen des Natürlichen, Vernünftigen steht. In puncto Choralsatz erscheint es »vernünftig«, Begleitstimmen und Harmonie zugunsten der Melodie ganz zurücktreten zu lassen.

Bach entzieht sich diesem Denken. Der einfachste Choral soll die ganze Musik in sich schließen – in Melodik, Stimmführung, Harmonisierung, Raumfüllung, Wortdeutung. Dass in einem Satz nicht nur die Melodie herrschen, sondern jede der Stimmen »mitarbeiten« solle, entspricht dem Wunsch nach einer »musicalischen vollkommenheit«, die vier Jahre später der Leipziger Magister Johann Abraham Birnbaum zur Verteidigung Bachs gegen aufklärerische Angriffe ins Feld führen wird – sicherlich mit dessen ausdrücklicher Billigung.

»Der einfachste Choral soll die ganze Musik in sich schließen.«

Inzwischen muss niemand mehr Bachs »Vollkommenheit« rechtfertigen: Es ist Aufgabe genug, sie ins rechte Licht zu rücken und damit Momente des Hörgenusses, den seine Musik bereitet, der weiterführenden Reflexion zugänglich zu machen. Heute bezeichnet »Vollkommenheit« auch nicht allein ein Höchstmaß an ausgewogener Satztechnik, vielmehr die Fähigkeit, Disparates und Vielfältiges zusammenzudenken: Musik und Theologie, Ordnung und Ausdruck, Poiesis und Mimesis, Struktur und Gesang, Tradition und Fortschritt.

Martin Geck, *»Denn alles findet bei Bach statt«. Erforschtes und Erfahrenes.* 2000, J. B. Metzler, reproduced with permission of SNCSC.

SIR JOHN ELIOT GARDINER (*1943)

Dirigent und Bach-Spezialist

Hier im *Weihnachtsoratorium* begegnen uns immer neue Ideen Bachs für den Umgang mit Chorälen. Fallen an seinen frühen Choralharmonisierungen die klaren melodischen Konturen, das kontinuierliche metrische Voranschreiten, die zielgerichteten Akkordfolgen und später die abwechslungsreicheren Harmoniefolgen und atemberaubenden Durchgangsdissonanzen ins Auge, so scheinen die des *Weihnachtsoratoriums* noch natürlicher aus der Verschränkung der einzelnen Stimmen – sprich: aus der Stimmführung – zu erwachsen und zeugen von einem noch größeren Gespür für Proportionen und Ausgewogenheit. Zugleich strahlen sie hier mehr Wärme aus – als hätte Bach neue Wege gefunden, vier selbständige, von ihrer je eigenen Schönheit charakterisierte Linien zu formen und diese in einer Weise miteinander zu verweben, dass ungemein ausdrucksstarke, satte Harmonien entstehen.

John Eliot Gardiner, *Bach. Musik für die Himmelsburg*, Carl Hanser Verlag GmbH & Co. KG, München 2016, S. 640, mit freundlicher Genehmigung von Hanser Verlag..

LITERATURHINWEISE

Über Bachs Weihnachtsoratorium wurde bereits sehr viel geschrieben! Etliche Hinweise »zum Weiterlesen« finden sich in diesem Buch innerhalb der zwei großen Kapitel »Biblisch-poetische Erschließung« und »Wirkung«. Ergänzend hierzu folgen nun noch – ohne Anspruch auf Vollständigkeit – Angaben zu Noten- und Faksimileausgaben sowie zu Werkeinführung und zu Fachliteratur, die sich wichtigen Einzelaspekten widmet.

NOTENAUSGABEN DES WEIHNACHTSORATORIUMS

Weihnachtsoratorium. Oratorium Tempore Nativitatis Christi BWV 248, Partitur mit Kritischem Bericht (S. 293–310). Hrsg. von Klaus Hofmann, Stuttgarter Bach-Ausgaben, Carus-Verlag, Stuttgart 2005.

Ältere Edition im Rahmen der Neuen Bach-Ausgabe (NBA II / 6). Hrsg. von Walter Blankenburg und Alfred Dürr. Kassel und Leipzig 1960. Kritischer Bericht (mit vollständiger Faksimile-Wiedergabe des originalen Textheftes) von Walter Blankenburg und Alfred Dürr, ebd. 1962.

FAKSIMILE-AUSGABEN DER AUTOGRAPHEN PARTITUR, DER STIMMEN UND DES ORIGINALEN TEXTDRUCKS

Johann Sebastian Bach: Weihnachts-Oratorium BWV 248. Faksimile-Lichtdruck des Autographs mit einem Vorwort hrsg. von Alfred Dürr (= Documenta Musicologica II / 13). Kassel u. a. 1984.
Die originalen Einzelstimmen sowie die handschriftliche Partitur Bachs sind unter www.bach-digital.de einsehbar.

Originaltextdruck. Faksimile im Format des originalen Textheftes von 1734, in: Martin Petzoldt (Hrsg.): Texthefte zur Kirchenmusik aus Bachs Leipziger Zeit. Die sieben erhaltenen Drucke der Jahre 1724–1749 in faksimilierter Wiedergabe, Stuttgart 2000.

WEITERE LITERATURHINWEISE

Bach-Dokumente I–III, VI: Neumann, Werner und Schulze, Hans-Joachim (Hrsg.): Schriftstücke von der Hand Johann Sebastian Bachs, Kassel u. a. 1963 (= Bd. I); Dies.: Fremdschriftliche und gedruckte Dokumente zur Lebensgeschichte Johann Sebastian Bachs, Kassel u. a. 1969 (= Bd. II); Hans-Joachim Schulze (Hrsg.): Dokumente zum Nachwirken Johann Sebastian Bachs 1750–1800, Kassel u. a. 1984 (= Bd. III); Andreas Glöckner, Anselm Hartinger und

Karen Lehmann (Hrsg): Ausgewählte Dokumente zur Rezeptionsgeschichte Johann Sebastian Bachs 1800–1850, Kassel u. a. 2007 (= Bd. VI).

Blankenburg, Walter: Das Weihnachts-Oratorium von Johann Sebastian Bach, Kassel 1982, 4 Aufl. 1999.

Blankenburg, Walter: Die Bedeutung der solistischen Alt-Partien im Weihnachtsoratorium BWV 248, in: ders.: Kirche und Musik. Gesammelte Aufsätze zur Geschichte der gottesdienstlichen Musik, hrsg. von Erich Hübner und Renate Steiger, Göttingen 1979, S. 220–239.

Blankenburg, Walter: Das Parodieverfahren im Weihnachtsoratorium Johann Sebastian Bachs, in: ders. (Hrsg.): Johann Sebastian Bach, Wege der Forschung 170, Darmstadt 1970, S. 72–86.

Bossuyt, Ignace: Johann Sebastian Bach. Christmas Oratorio (BWV 248), Leuven 2004.

Braun, Werner: Bachs Echo-Arie, in: Steiger, Renate (Hrsg.): Die Quellen Johann Sebastian Bachs. Bachs Musik im Gottesdienst, Heidelberg 1998, S. 119–131.

Dürr, Alfred: Johann Sebastian Bach. Weihnachts-Oratorium BWV 248, Meisterwerke der Musik 8, München 1967.

Emans, Reinmar und Hiemke, Sven (Hrsg.): Bachs Passionen, Oratorien und Motetten. Das Bach-Handbuch, Bd. 3, Laaber 2009.

Finscher, Ludwig: Zum Parodieproblem bei Bach, in: Geck, Martin (Hrsg.): Bach-Interpretationen, Göttingen 1969, 94–105.

Geck, Martin: Bach. Leben und Werk, Reinbek bei Hamburg 2000, TB-Ausgabe 2001.

Glöckner, Andreas: Eine Michaeliskantate als Parodievorlage für den sechsten Teil des Bachschen Weihnachts-Oratoriums?, in: Bach-Jahrbuch 86 (2000), S. 316–326.

Jena, Günter: Brich an, o schönes Morgenlicht. Das Weihnachtsoratorium von Johann Sebastian Bach. Erfahrungen und Gedanken eines Dirigenten, Eschbach / Markgräflerland 1997, TB-Ausgabe Freiburg i. Br. 1999.

Koch, Ernst: Tröstendes Echo. Zur theologischen Deutung der Echo-Arie im IV. Teil des Weihnachtsoratoriums von J. S. Bach, in: Bach-Jahrbuch 75 (1989), S. 203–211.

Küster, Konrad (Hrsg.): Bach-Handbuch, Kassel u. a. und Stuttgart / Weimar 1999.

Loos, Helmut: Weihnachten in der Musik. Grundzüge der Geschichte weihnachtlicher Musik, Bonn 1991.

Melamed, Daniel R. (Hrsg.): J. S. Bach and the Oratorio Tradition (= Bach Perspectives 8), University of Illinoys 2010.

Petzoldt, Martin: Johann Sebastian Bach. Ehre sei dir Gott gesungen. Bilder und Texte zu Bachs Leben als Christ und seinem Wirken für die Kirche. Göttingen 1988.

Petzoldt, Martin: Bach-Kommentar. Theologisch-musikwissenschaftliche Kommentierung der geistlichen Vokalwerke Johann Sebastian Bachs. Bd. II: Die

geistlichen Kantaten vom 1. Advent bis zum Trinitatisfest, Kassel u. a. 2007, Schriftenreihe der Internationalen Bachakademie Stuttgart 14,2.
Prinz, Ulrich: Johann Sebastian Bachs Instrumentarium. Originalquellen, Besetzung, Verwendung, Stuttgart und Kassel u. a. 2005, Schriftenreihe der Internationalen Bachakademie Stuttgart 10.
Rathey, Markus: Johann Sebastian Bach's Christmas Oratorio. Music, Theology, Culture, Oxford 2016.
Schulze, Hans-Joachim: Bachs Parodieverfahren, in: Christoph Wolff (Hrsg.): Die Welt der Bach-Kantaten, Bd. II: Johann Sebastian Bachs weltliche Kantaten, Stuttgart / Weimar und Kassel u. a. 1997, S. 167–187.
Schweitzer, Albert: J. S. Bach (1908). Vorrede von Charles Marie Widor, Wiesbaden 1976.
Steiger, Renate: Gnadengegenwart. J. S. Bach im Kontext lutherischer Orthodoxie und Frömmigkeit, Stuttgart-Bad Cannstatt 2002.
Spitta, Philipp: Johann Sebastian Bach, Leipzig 1873 (Bd. 1) und 1880 (Bd. 2).
Walter, Meinrad: Johann Sebastian Bach. Weihnachtsoratorium, Kassel u. a. 2006, 5. Aufl. 2019.
Walter, Meinrad: Erschallet, ihr Lieder, erklinget, ihr Saiten! Johann Sebastian Bachs Musik im Jahreskreis, Zürich und Düsseldorf 1999.
Wolff, Christoph (Hrsg.): Die Welt der Bach-Kantaten, Bd. II: Johann Sebastian Bachs weltliche Kantaten, Stuttgart / Weimar und Kassel 1997.
Wolff, Christoph: Johann Sebastian Bach, Frankfurt a.M. 2000, 5. Aufl. 2014.
Wolff, Christoph: Johann Sebastian Bachs Oratorien-Trilogie und die große Kirchenmusik der 1730er Jahre, in: Bach-Jahrbuch 97 (2011), S. 11–25.
Wolff, Christoph: Johann Sebastian Bach. Eine Lebensgeschichte in Bildern. A Life in Pictures, Kassel 2017, Bach-Dokumente IX.

RECHTENACHWEISE

S. 51, Koloriertes Blatt zur Lutherbibel 1545: © Universitätsbibliothek Leipzig, St. Thomas.158
S. 55, Eisenacher Gesangbuch (1673): © Herzog August Bibliothek Wolfenbüttel: Tl 450
S. 57, Merian-Bibel: © Bach-Archiv Leipzig, Leihgabe Sammlung F. H. (Foto: Matthias Knoch)
S. 65, Textdruck »Tönet, ihr Pauken«: Sächsische Landesbibliothek – Staats- und Universitätsbibliothek Dresden
S. 67, Originaler Textdruck: © Sammlung Bach-Archiv Leipzig
S. 68, Picanders Fassung: © Bayerische Staatsbibliothek, Signatur P. o. germ 600 e-1, S. 57
S. 71, Christian Friedrich Hunold: Gemeinfrei; Wikimedia Commons
S. 72, Erdmann Neumeister: Gemeinfrei; Wikimedia Commons
S. 77, Paul Gerhardt: © History and ART Collection / Alamy Stock Foto
S. 82/83, Titelseite »Ausführliche Liedererklärung«: © Staats- und Landesbibliothek Göttingen
S. 89, Thomas-Graduale: © Universitätsbibliothek Leipzig, Ms. Thomas.391, fol. 19v
S. 92, Geburt Christi (Detail aus der Festtagsseite des Leipziger Pauliner-Altars): © Kunstbesitz der Universität Leipzig, Aufnahme: Marion Wenzel; Rechte: Kustodie der Universität Leipzig
S. 97, Originales Textheft: © Sammlung Bach-Archiv Leipzig
S. 100, Eisenacher Gesangbuch (1673): Herzog August Bibliothek Wolfenbüttel: Tl 450
S. 104, Merian-Bibel: Staatsbibliothek Bamberg
S. 112, Silberstiftzeichnung J. S. Bach: Privatbesitz
S. 120, Hugo Wolf: Wikimedia Commons
S. 124, J. S. Bach im Ulmer Münster: Wikimedia Commons
S. 129, Johannes Brahms: Wikimedia Commons
S. 133, Albert Schweitzer: © KGPA Ltd / Alamy Stock Foto
S. 134, Ensemble Resonanz: © Gerhardt Kühne
S. 141, Dürer, Die Geburt Jesu Christi: Staatliche Eremitage St. Petersburg
S. 155, Arie »Großer Herr, o starker König«: © bpk / Staatsbibliothek zu Berlin
S. 161, Saubert, Emblem: © Herzog August Bibliothek Wolfenbüttel: Ub4° 23
S. 163, Emblem »Zur Antwort fertig«: © Herzog August Bibliothek Wolfenbüttel

ÜBER DIE AUTOREN

HENNING BEY ist promovierter Musikwissenschaftler. Er hat in Freiburg und London studiert und war zwischen 2000 und 2006 wissenschaftlicher Mitarbeiter an der neuen Mozart-Ausgabe in Salzburg. Danach wechselte er von der akademischen Welt ins Konzertleben und wirkte von 2006 bis 2015 beim Freiburger Barockorchester als Verantwortlicher für Dramaturgie, Presse- und Öffentlichkeitsarbeit. Von 2015 bis 2021 als Chefdramaturg der Internationalen Bachakademie Stuttgart tätig, arbeitet er nun als künstlerischer Planer für das SWR Symphonieorchester.

MEINRAD WALTER ist promovierter katholischer Theologe und Musikwissenschaftler. Es ist stellvertretender Leiter des Amtes für Kirchenmusik der Erzdiözese Freiburg und Honorarprofessor an der dortigen Musikhochschule. Er hält regelmäßig bundesweit Vorträge und ist Autor und Herausgeber etlicher Publikationen im Grenzgebiet von Musik und Spiritualität. Beim Carus-Verlag und der Deutschen Bibelgesellschaft gibt er die Reihe WORT//WERK// WIRKUNG heraus.